自分で考え 自分で描く
キャリアデザイン

天川 勝志　鈴木 賞子　渡邊 有紀子　著

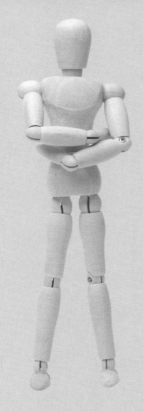

同友館

はじめに－必ず読んでください－

　このテキストは、自分と社会を知り、そこから得られる情報を整理し、大学生活、および進路選択に向けて、自分らしい行動計画を立て大学から社会への円滑な移行・接続をめざすものです。

　「キャリア」というと、どちらかといえば卒業後のキャリア形成を想像されることと思います。就職活動、インターンシップ、資格取得などを思い浮かべたり、「就活大変そうだなあ」と思ったりしますね。これも将来のキャリア形成を考えるうえでは大切なことですが、それだけではキャリアを考えることはできません。将来のこととともに考えてほしいことは、現在の立ち位置です。卒業後の社会的・経済的・精神的自立、あるいは就業のためには、社会・仕事で求められる能力・スキル、意識・態度等について理解し、それらの習得状況、自己課題の発見が必要です。つまり、将来目指す方向性、自分のありたい姿を想像しながら、そのために課題となること、改善すべきことなどを整理し、どのように、こうした課題や改善に取り組むかということを具体的に計画していかなければなりません。

　諸説いろいろありますが、キャリア（career）の語源は中世ラテン語の轍（わだち）であるといわれています。轍とは馬車が通ったあとにできる跡のことです。いまを起点として、未来に向けてどのような轍をつくるのか、そしてそのためには、どのような課題を改善していかなければならないのか。そのようなことを考えるためのテキストです。

　さて、まずは次の設問に回答してみてください。該当する項目にチェックをつけてみましょう。

□どちらかというと、視野が狭くすぐに決めつけてしまう傾向にある

□面倒くさがりで、授業課題など、先送りするタイプだ

□チームで話し合いながら、合意形成するより、自分だけで進めてしまったほうが早いと思う

□自分の長所・短所を尋ねられたら、わかっているようで実は十分に把握していない

□卒業後の自立などについては、あまり考えたくない

> □自己課題の改善、および日々の振り返りは、あまり意識しておこなっていない

　6項目のチェックに取り組んでもらいましたが、いかがでしたか。チェック項目が多いほど、本テキストでの学習が役立つと思います。つまり、こうしたことが本テキストでの習得事項であり、改善してほしいことです。**本テキストを読むとき、演習などに取り組むとき、自分と社会を知るという目的意識をもって進めてください。**

1．本章の構成

　まず、PART 1では学びの基盤を作ります。大学での学習やキャリアデザインにあたり、思考法に関するトレーニングをおこないます。「キャリアデザインに、なぜ学びの基盤が必要なのか」と思われた人もいると思います。キャリアを考えるとき、たくさんの情報から、自分に必要な情報を収集・選択し、整理してノートにまとめたり、ほんとうに自分がやりたいことは何なのかということを考えたりしていかなければなりません。いわば情報収集、自問自答の繰り返しです。こうしたときに役立つのが、ロジカル・シンキングです。また、ロジカル・シンキングは、大学での学びだけではなく、仕事にあたっても有用であるため、本書でも取り扱うこととしました。中学校・高等学校での学びには、「ロジカル・シンキング」という科目はなく、やや取りかかりにくいかもしれませんが、一言でいえば、**情報・条件を整理し、見通しをつけやすくするためのツール**です。この機会にぜひ、論理的思考力を習得してください。

　学びは決して大学で終わるものではありません。卒業後も、業務知識の習得、自己啓発、資格取得等、学ぶという行為は続きます。

　なお、本テキストのタイトルは、「キャリアデザイン」とありますが、大学での科目名称は、「キャリアデザイン」のほか、「キャリアプランニング」「キャリア形成支援」など、さまざまです。また、学習内容も就職活動、仕事に特化したプログラムから仕事を含む人生を対象とするものまでありますが、本テキストでは、人生の中で果たす役割の総称をキャリアと捉え、学習を進めます。

　さて、基盤をしっかり作ったら、PART 2では社会・仕事の理解です。キャリアデザインというとき、社会・仕事の実態がわかっていないと、学生時代にどのようなことをすればよいか、判断できません。そのため、社会・仕事を理解し、そのうえで、自己理解に努めていきましょう。

　PART 3は自己理解です。これは大人にとっても難しい課題です。自分と向き合うということは、勇気もいることですが、就職活動でも自己分析は必要になってきます。この機会に自己の客観視に努めてください。

区分	目的	各 Chapter の構成
PART 1 学びの基盤を つくる	学びとキャリアを考え るにあたって求められ る能力・スキルを開発 する	Chapter 1：「キャリア」を学ぶ意義を理解する Chapter 2：大学での学びの意義を考える Chapter 3：学びとキャリアを考えるための技を身につける① Chapter 4：学びとキャリアを考えるための技を身につける② Chapter 5：グループ討議の手法を学ぶ
PART 2 社会・仕事を 理解する	卒業後、社会・仕事で 求められることを理解 する	Chapter 6：社会人のマナーを学ぶ Chapter 7：就業に求められる能力・スキル Chapter 8：卒業後の働き方を考える Chapter 9：就職活動を知る
PART 3 自分と向き合 う	学びの基盤を生かし、 社会・仕事における自 己課題を発見し、改善 計画を立てる	Chapter10：自分を知る Chapter11：充実した学生生活をおくる Chapter12：日本の課題を考える① Chapter13：日本の課題を考える② Chapter14：卒業までの計画を策定する

2. テキストの特長

　さて、このテキストには、前述のような皆さんの成長を促すため、次のような 5 つの特長があります。

①ビジネス経験豊富でキャリア教育にも精通した教員による執筆

　わたしたち執筆者は、キャリア形成支援科目の授業経験を積んできた現役の教員ばかりです。また、大学教員以前は、ビジネスパーソンとしての経験も豊富です。そのため、皆さんの特徴、育成課題とともに、将来、職場・仕事で求められる能力・態度等についても十分熟知しています。つまり、現状の皆さんの自己課題、及び将来の接続先双方について、十分な知見があります。こうした集積から検討したキャリア形成上の育成課題を踏まえ、カリキュラムや演習を作成しています。「ここは立ち止まって考えてほしい」「これはチームで協働して成果を出してほしい」などといったことが演習のテーマとなっています。つまり、**演習は立ち止まって、自分とそれぞれのテーマとの「接点」をつくるためのもの**と理解してください。

②学びの意義を認識し自己課題の発見に努める

　各 Chapter とも、第 1 節では、「なぜ学ぶのか」「その学びにはどのような活用余地があるのか」といった学びの意義を考えてもらいます。各 Chapter 冒頭での演習を通して、必要性を認知してもらったうえで、それぞれの学習に取り組んでもらいます。「なぜ、その Chapter を学ばなければならないのか」という学びの意義をそれぞれの Chapter の冒頭でしっかりと理解したうえで読み進めていってください。

③活用・実践を意識した豊富な演習

　知っている、理解しているというだけでは、必要なときにその知識を活用することは難しいものです。そのため、本テキストでは個人、ペア、グループなどでの演習を通して、できるだけ多くの経験を積み、それらの知識を活用できるようになることを目指していま

す。どの Chapter にも、「個人」「ペア」「グループ」などでの演習を豊富に盛り込んでいます。これらの学びを他の科目、課外活動等でも活用・実践していってください。

　なお、大学等での授業用テキストとして利用されているのであれば、担当教員からの解説もあるでしょうが、独学で進める場合にも、必ず各自で演習に取り組み、解答のうえ計画的に進めていってください。

④演習での解答の言語化・文章化

　テキストは書き込み式になっています。自分の思ったこと、考えたことを、必ずことばや文章にしてみてください。思っているだけの場合とそれをことばや文章で表現することは大きく異なります。文章にしてみて、はじめて気づくなんてこともあります。

⑤学習後もキャリア形成に使えるテキスト

　演習での解答を書き込み、さらに気づいたこと、疑問、調べることなどに関しても、ノートや本テキストの余白を使って整理してください。最後まで学習が終わると、あなたのキャリアデザインブックになります。これは、就職活動等でも大いに役立つ財産となるはずです。特に、PART 2、PART 3 での演習は、就職活動時に生きてくる学びです。

3. 学習にあたってのお願い

　高い学習成果をあげてもらうため、いつくかのお願い事項があります。なお、個人として本書を使っている場合でも、友だちを巻き込んで、ペア、グループでの演習に取り組んでください。

①学びの意義と振り返りを大切にする

　前述のとおり、それぞれの Chapter の最初の演習では、学びの意義を共有します。なぜこの学びが必要か、必要性、有用性の理解に努めてください。「この学びはどのような場面で使えるか」ということを考えてほしいのです。そして、振り返りです。学んだら、各 Chapter ごとに、定期的に振り返りをおこなってください。テキストを読み、演習に取り組んだだけでは、十分な成果は期待できません。学びを活用したり、再考し言語化してこそ、成長実感を得られるものです。振り返りの習慣をつけてください。

| 学びの意義 ＞ | 学習・演習 ＞ | 活用・実践 ＞ | 振り返り ＞ |

②演習には協働して取り組む（特にペア、グループでの演習）

　あえて演習をおこなうということは、その学びが重要だからです。授業等で本テキストを使われて、演習をおこなう場合には、いわゆる「やらされ仕事」にならないようにしてください。特に、ペアやグループでの演習では、ひとりでも本気で取り組まないメンバーがいると、雰囲気もわるくなったり、求められている成果を出せなくなったりします。グループでの演習は仕事の縮図ともいえます。それぞれのメンバーはお互いに影響を与えあう存在です。グループのなかでどのような役割を果たすことが求められるのか、どのよう

にすると演習で求められていることに応えていけるのかなど、考えながら取り組んでください。

　また、演習などでは、条件文を丁寧に読み、正確に実行してください。条件をひとつでも漏らしてしまうと、期待される演習の成果を得られなくなってしまいます。**正確かつ丁寧な読解**をお願いいたします。

③**できるだけ異なる役割を担う**

　グループでの演習では、リーダー、発表者などの役割を担うこととなります。その際、できるだけ毎回、異なる役割を担うことをお勧めします。やってみてはじめてその役割のポイント、留意点などに気づいたり、その役割の人の気持ちが理解できたりするものです。自己課題や新たな可能性の発見のためにも、できるだけ複数の役割を担ってください。

④**関連性を大切にする**

　わたしたちはインターネットのおかげで、世界中の人々とつながることもできれば、家にいながら学ぶことも可能です。しかし、ばらばらの知識を集めていても、忘れていくだけです。大切なことはそれらのつながりや関連づけをおこなっていくことです。そのためには思考がはたらかなければなりません。本テキストでの学びも知識で終わってしまえば、いずれは忘れてしまいます。**ほかの科目や将来の仕事との関連づけを考える**ようにしてください。なお、忘れるということは避けられないものです。その意味で授業でのノートテイクや気づき、アイデアをメモするということを習慣にしてください。

４．習得してほしいこと

　それぞれの Chapter ごと、冒頭に学びの到達目標が設定されています。Chapter ごとの学習にあたっては、まずこの到達目標を学びのゴールと捉え取り組んでください。また、全体を通して習得してほしいことは次の４点に集約されます。

---

①社会全般、企業、業界、仕事などの知識を幅広く学び、自分の選択肢を知ること

②自分自身がどのような人間なのかを知り、どのようなキャリアを選べばよいかを考えること

③社会で必要とされるマナーをはじめ、就業に求められる能力・スキル等を身につけること

④大学生活の中でどのような経験を積めばよいかを知り、計画を立てること

　将来のことは就職活動学年である３年生や４年生になってから考えればいいと思っている人もいるかもしれませんが、将来の方向性を決めたとき、それまでに必要な学びや経験の蓄積が充分にないと希望する進路に進めないこともあります。そのため、１年生、

　２年生のうちにこうした学習に取り組み、求められることなどを整理し計画的に進められるようにしておくとよいでしょう。

　ところで、皆さんは、どのようにして、大学・学部等を決めましたか。高校の進路指導の先生に相談したり、大学でのオープンキャンパスに行ったりして、情報収集をされ、現在の大学・学部を決めたことと思います。あるいは、小さい頃からの夢があってそれを目指すために学部等は決まっていたという人もいると思います。しかし、この一連の行為はある意味、視野を狭めているともいえます。細分化された学問分野のなかから、文系・理系の区分を決めて、そのうえで細かな体系のなかから、自分の興味・関心、将来のことなどを踏まえ、総合的に判断したものと思います。何かを専門的に学ぶということは、その他の分野の知見はどうしても浅くなってしまいます。しかし、キャリアデザインでは、皆さんのさまざまな可能性を広げ、そのなかから自分に合った将来のキャリアを選択してもらうことを大切にしています。どうか**「視野を狭めない」**ということを忘れないでいてください。

　就職活動においても、大学卒業後の活動でも、人生は「選択」と「決断」の連続です。コロンビア大学ビジネススクール教授のシーナ・アイエンガー先生は、「選択」という行為を科学的に探究されています。ご自身がインドで厳格なシーク教徒の家庭に生まれ、幼少期はあまり選択する余地のない生活をおくっていたそうです。そして、アメリカに移り住み、「選択」こそ力の源泉であると学ばれたそうです（詳しくは、シーナ・アイエンガー著／櫻井祐子訳（2014年）『選択の科学』文藝春秋）。

　いま、わたしたちは、日常生活においても多様な選択が可能です。だからこそ、迷い、悩み、考える機会が多いともいえます。就職すれば、いまの仕事を続けるべきか転職すべきか、あるいは起業してみようといったことを考えるかもしれません。私生活でも賃貸か持ち家か、どこに住むかなど、さまざまな選択が待ち受けています。選択のためには、判断材料（情報等）と判断基準が必要です。集めた情報を整理し、考えて、最適な判断をおこなっていく。このようなことの繰り返しが、20歳代から始まります。

　本テキストが皆さんの幸せなキャリア形成、充実した学生生活の一助となれば、われわれ執筆者として、これほど有難いことはありません。

　最後に、同友館出版部部長佐藤文彦様には、企画・編集の段階から、内容、構成のほか、演習の学習効果などを踏まえたレイアウトなどに関しても、さまざまなアドバイスをいただきました。この場をお借りして心より御礼申しあげます。

執筆者一同

目　次

PART1　学びの基盤をつくる

Chapter1　「キャリア」を学ぶ意義を理解する
「キャリア」「キャリア教育」「キャリアデザイン」とは

Chapter2　大学での学びの意義を考える
何のために学ぶのか

Chapter3　学びとキャリアを考えるための技を身につける①
ロジカル・シンキングを習得するには

PART2　社会・仕事を理解する

PART3　自分と向き合う

PART 1

学びの基盤をつくる

Chapter1 「キャリア」を学ぶ意義を理解する
「キャリア」「キャリア教育」「キャリアデザイン」とは

　最近は中学校・高等学校でもキャリア教育に熱心に取り組んでいるので、キャリア教育というと、「まち探検」「工場」「店舗の見学・調査」などを思い浮かべる人もいると思います。あるいはキッザニアの各種パビリオンでの仕事体験などを懐かしんでいる人もいるでしょう。それほどキャリア教育ということばが教育現場でも一般社会でも慣れ親しまれる存在になってきています。

　一方、大学でのキャリア教育の導入は、当初は若者のフリーター志向、早期離職の増加といったことが背景にありました。しかし、キャリア教育が事実上義務化された現在は、「キャリア教育＝就職支援」といった限定的なものではなく、社会参加するための幅広い力を育成するものへと内容も進化しています。つまり、仕事を含めた人生を考えるためのものとなっています。

　大学でのキャリア教育はすでに浸透・定着したといってもよさそうですが、その教育内容の理解に関しては、まだ個人ごとの温度差があるようです。ここでは、「キャリア」「キャリア教育」「キャリアデザイン」の意味を正しく理解したうえで、学習を進めていきましょう。

この Chapter の到達目標

☐ 「キャリア」「キャリア教育」「キャリアデザイン」の考え方を正確に理解する。

☐ 「キャリアデザイン」をおこなうにあたっての留意点を理解し、すべきことに計画的に取り組めるようにする。

---

1 ▶ 大学でのキャリア系科目の必要性を考える演習

　大学を卒業すると、職場・地域・家庭など、複数の組織や集合体にて、さまざまな立場や役割を担い社会参加していくことになります。そして、こうした社会参加にあたっては、学業以外の能力・スキル、意識・態度が求められます。キャリア系科目では、就業に関することだけを扱うわけではありません。皆さんは卒業後、職場以外にも、地域などで複数の組織に所属し、自分の役割を発揮していくこととなります。こうした組織等で求められる能力・スキルをトレーニングするのがキャリア系科目の役割のひとつです。

　さて、皆さんは卒業後、どのような組織に所属することになるでしょうか。考えられる限りの組織・団体等をあげてみてください。

【演習１：卒業後、生涯に渡り、所属することが予想される組織・団体等（個人）】

　会社、職場のクラブ活動、ボランティア活動、地域の自治会、マンション管理組合などのほか、子どもがいれば小学校などで役員を頼まれることもあるでしょう。また最近は兼業を認める企業も拡大しているので、正社員と副業先でそれぞれの役割を担う人もいるかもしれません。また、定年を迎えれば、趣味やスポーツサークルに所属するかもしれません。

　つまり、わたしたちは、生涯に渡り、何らかの組織に複数所属し、複数の役割を兼務していかなければならないのです。そうした社会参加するうえで求められる能力・スキル、意識・態度を育てていくのが、「キャリア教育」の役割です。そして、キャリア教育でいう「キャリア」とは、「**人が生涯の中で様々な役割を果たす過程で、自らの役割の価値や自分と役割との関係を見い出していく連なりや積み重ね**」（中教審答申（2011年１月31日）「今後の学校におけるキャリア教育・職業教育の在り方について」）といえます。たとえば、職場ではビジネスパーソンであり、家庭では父親・母親であったり、夫・妻であったりするわけです。

　ではキャリア教育において、具体的に何を学ぶかを説明する前に、キャリア教育の歴史的変遷について、簡単に触れておきます。どうして、大学にキャリア教育が導入されるに至ったのか、知っておいてください。

2 ▶「キャリア教育」とは

（1）なぜキャリア教育が大学でもおこなわれるようになったのか

　文部科学省のなかで、はじめて「キャリア教育」という文言が登場したのは、中教審答申（1999年12月16日）「初等中等教育と高等教育との接続の改善について」です。このときは、キャリア教育の必要性について、同答申において次のように説明されています。

「新規学卒者のフリーター志向が広がり、高等学校卒業者では、進学も就職もしていないことが明らかな者の占める割合が約９％に達し、また、新規学卒者の就職後３年以内の離職も、労働省の調査によれば、新規高卒者で約47％、新規大卒者で約32％に達している。」

つまり、我が国のキャリア教育のスタートは、フリーター志向、早期離職など、若者の就労問題にあったわけです。

その後、若年者の雇用問題に対し政府全体として対策を講じるため、文部科学省、厚生労働省、経済産業省及び内閣府の関係4府省では、2003年4月に関係4大臣による「若者自立・挑戦戦略会議」を発足させ、同年6月には、教育・雇用・産業政策の連携強化等による総合的な人材対策として「若者自立・挑戦プラン」を取りまとめました。

そして、文部科学省では、同プランに基づき、①小学校段階からの勤労観、職業観の醸成、②企業実習と組み合わせた教育の実施、③フリーターの再教育、④高度な専門能力の養成などの施策を具体化していきます。こうして学校現場でも、職場体験、キャリアプランの作成などがおこなわれるようになっていきました。このような取り組みにあたっては「問題の原因」として、若者自立・戦略会議にて、次のように説明されています。

若年者問題の主な原因としては、第一に、需要不足等による求人の大幅な減少と、求人のパート・アルバイト化及び高度化の二極分化により需給のミスマッチが拡大していること、第二に、<u>将来の目標が立てられない、目標実現のための実行力が不足する若年者が増加していること</u>、第三に、社会や労働市場の複雑化に伴う職業探索期間の長期化、実態としての就業に至る経路の複線化、求められる職業能力の質的変化等の構造的変化に、従来の教育・人材育成・雇用のシステムが十分対応できていないことなどが挙げられる。（※下線は筆者による）

若者自立・挑戦戦略会議議事（2003年6月10日）

つまり、キャリア教育推進にあたっては、求人の大幅な減少により、パート・アルバイトなどを選択せざるをえなかったということ、「将来の目標が立てられない、目標実現のための実行力が不足する若年者の増加」といったことも関わっているとの認識よりスタートしたわけです。

こうしてキャリア教育とは、当初ニート・フリーター対策として進められ、主に中学校での職場体験活動などを中心としておこなわれてきました。

その後、中教審答申（2011年1月31日）「今後の学校におけるキャリア教育・職業教育の在り方について」では、キャリア教育に関して、次のような定義が明確になりました。

　一人一人の社会的・職業的自立に向け、必要な基盤となる能力や態度を育てることを通して、キャリア発達を促す教育

つまり、キャリア教育とは、子ども・若者がキャリアを形成していくために必要な能力や態度の育成を目標とする教育的働きかけなのです。そして、キャリア形成において大切

なのは、自らの力で生き方を選択できる能力や態度を身につけることです。

　こうした変遷をたどり、現在のキャリア教育が誕生したわけですが、押さえておきたいことは次のとおりです。

> ・現在のキャリア教育は、ニート・フリーター対策としておこなわれているものではない
> ・就職だけを唯一の目的とした教育活動ではない
> ・社会参加に向けて必要な幅広い力を育成することがねらいであり、主な内容として、「基礎的・汎用的能力」の育成があげられる

　大学で、キャリア教育を受けることは、社会的・職業的自立にあたって大変重要です。一般的には、大学が最後の教育機関ですから、大学から社会への円滑な接続にあたり、キャリア教育は中学・高等学校での調査、仕事体験など以上に重要な役割を果たすことになります。また、上述のとおり、キャリア教育は、社会参加するための幅広い力を育成するもので、就職活動や仕事のためだけにおこなわれるものではありません。

　ところで、大学におけるキャリア教育の義務化の背景には、次のようなことがありました。

> ・厳しい企業の雇用情勢やそれを取り巻く社会環境の変化
> ・採用活動の早期化や定着率の低さ
> ・働き方や生き方の多様化

　そして、大学設置基準においてもキャリア教育の義務化が規定されることとなりました（大学設置基準第42条の２「社会的及び職業的自立を図るために必要な能力を培うための体制」）。つまり、大学は専門課程での学びにとどまらず、将来を生き抜く力も合わせて身につける場所として位置づけられています。

（2）大学でのキャリア教育の内容

　図表１−１は、社会的・職業的自立、学校から社会・職業への円滑な移行に必要な能力として、中教審があげたものです。

　この図表のなかでも、特にキャリア教育にて育成されることが期待されている項目が**「基礎的・汎用的能力」**の部分です。基礎的・汎用的能力とは、分野や職種にかかわらず、社会的・職業的に自立するために必要な基盤となる能力です。

　それでは基礎的・汎用的能力としてあげられている４つを詳しくみていきましょう。

　人間関係形成・社会形成能力は、キャリア系の授業でのグループ討議、アルバイト、サークル活動など、多様なメンバーのいるところに参加することで育成されるものです。

図表1-1　「社会的・職業的自立、学校から社会・職業への円滑な移行に必要な能力」の要素

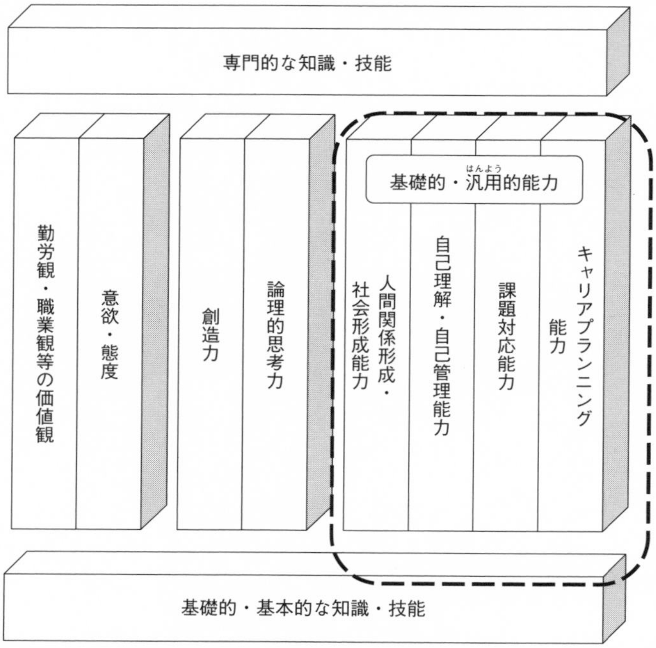

出所：中教審答申（2011年1月31日）「今後の学校におけるキャリア教育・職業教育の在り方について」P.27。
※点線は筆者による

図表1-2　基礎的・汎用的能力とは

人間関係形成・ 社会形成能力	自己理解・ 自己管理能力	課題対応能力	キャリアプランニング 能力
多様な他者の考えや立場を理解し、相手の意見を聴いて自分の考えを正確に伝えることができるとともに、自分の置かれている状況を受け止め、役割を果たしつつ他者と協力・協働して社会に参画し、今後の社会を積極的に形成することができる力 【具体的な要素例】他者の個性を理解する力、他者に働きかける力、コミュニケーション・スキル、チームワーク、リーダーシップ等	自分が「できること」「意義を感じること」「したいこと」について、社会との相互関係を保ちつつ、今後の自分自身の可能性を含めた肯定的な理解に基づき主体的に行動すると同時に、自らの思考や感情を律し、かつ、今後の成長のために進んで学ぼうとする力 【具体的な要素例】自己の役割の理解、前向きに考える力、自己の動機付け、忍耐力、ストレスマネジメント、主体的行動等	仕事を進める上での様々な課題を発見・分析し、適切な計画を立ててその課題を処理し、解決することができる力 【具体的な要素例】情報の理解・選択・処理等、本質の理解、原因の追及、課題発見、計画立案、実行力、評価・改善等	「働くこと」の意義を理解し、自らが果たすべき様々な立場や役割との関連を踏まえて「働くこと」を位置付け、多様な生き方に関する様々な情報を適切に取捨選択・活用しながら、自ら主体的に判断してキャリアを形成していく力 【具体的な要素例】学ぶこと・働くことの意義や役割の理解、多様性の理解、将来設計、選択、行動と改善等

出所：文部科学省生涯学習政策局政策課（2012年9月7日）『「社会的・職業的自立、社会・職業への円滑な移行に必要な力」について』P.6をもとに引用・作成。

この能力は、社会との関わりのなかで、生活し、仕事をするうえで、基礎となる能力です。相手の意見を聴き、正確に自分の主張を述べる、自分の置かれている状況を踏まえ自分のできることを考えるなど、チームでの協働力の発揮を意識してください。

　自己理解・自己管理能力は、ことばだけを読むと、自分だけで完結しそうですが、決してそうではありません。社会との相互関係を保ちながら自己理解に努めなければなりません。この能力は、キャリア形成、人間関係形成における基盤となるものです。特に、自己理解は生涯に渡り多様なキャリア形成を歩むプロセスにおいて常に深めていかなければならないものです。その意味でも、日々の振り返り、授業内での振り返りシートの記入は大切な時間です。

　課題対応能力は、仕事をするうえで様々な課題を発見・分析し、改善策を立案するために求められるものです。アルバイトの業務のなかで、課題・問題を発見し、どのようにすれば解決できるかを具体的に考えてみてください。小さなことでも構いません。気づいたら改善策を考える。こうした習慣をつけてください。

　キャリアプランニング能力は、働くことや学ぶことの意義を考える力のことですから、「なぜこの仕事が必要なのか」「この学びはどのようなところで活用できるか」などをそれぞれの場面で考えるようにしてください。

　いずれの能力にも共通していることは、社会人、職業人として生活していくために生涯にわたって必要となる力であるということです。こうした能力開発の必要性を理解し、学生時代からその育成を習慣にすることが大切です。

　これから本格的な専門課程での学びも始まると思います。大学での探究活動は、チームで活動することもあります。調査・研究を効率的に進められるよう、アンケート項目の作成、実施、分析など、分担しておこなったり、意見交換をしながら進めていくわけです。また、実社会で生じている問題・課題を取りあげ、それらを解決する施策を考えるということもあります。前者には人間関係形成・社会形成能力、後者には課題対応能力が求められます。つまり、基礎的・汎用的能力は、これからの大学での探究活動においても、皆さんの研究を下支えするものです。

　ここで演習をおこないます。これら4つの能力をどのような場でどのように、育成するかです。図表1-2を読み、「授業」「アルバイト先」「部・サークル活動」「ボランティア活動」など、トレーニングできそうな場を具体的にあげてください。単に「アルバイト」と表記するのではなく、「飲食店での接客のアルバイトで後輩を指導するとき」など、できるだけ具体的に書いてください。

【演習２：４つの力の具体的な育成場所・方法（個人）】

人間関係形成・ 社会形成能力	自己理解・ 自己管理能力	課題対応能力	キャリアプランニング 能力

（3）ライフ・キャリアの虹

　第１節冒頭にて、大学卒業後、職場以外にも複数の役割を担うことになると説明しました。人は誕生してから亡くなるまでの間、その時期にふさわしい適応能力、つまり自分を取り巻く環境（たとえば、身近な人や所属する集団など）に応じて自分の行動や考え方を変容させたり、環境に働きかけてより良い状態を形成する能力を身につけていきます。その中で、社会との相互関係を保ちつつ自分らしい生き方を展望し、実現していく過程がキャリア発達です。社会との相互関係を保つとは、言い換えれば、社会における自己の立場に応じた役割を果たすということです。人は生涯の中で、さまざまな役割を全て同じように果たすのではなく、その時々の自分にとっての重要性や意味に応じて、それらの役割を果たしていこうとします。それが「自分らしい生き方」です。また、社会における自己の立場に応じた役割を果たすことを通して自分と働くこととの関連づけや価値観が形成されます。アメリカのキャリア教育理論の研究者ドナルド．E．スーパーは、この過程を生涯における役割（ライフ・ロール）の分化と統合の過程として示しています。

　「自分に期待される複数の役割を統合して自分らしい生き方を展望し実現していく」ということを、図表１-３の「ライフ・キャリアの虹」に即して見ていくとどうなるでしょうか。図を見ると、たとえば15歳の時点での役割は「子ども」と「学生」と「余暇人」[1]ですが（それ以外の役割もあり得ます）、重要なのは、その「子ども」、「学生」、「余暇人」の内容です。「子ども」として期待される役割の内容、「学生」として期待される内容、「余暇人」としての遊びや趣味の活動、それらにいかに取り組んできたのか。それらを通して自分らしさがどのように認識され、それに基づいて将来の役割（進路）をどういった方法で選択し、取り組んでいこうとするのかが、この時点でのキャリア発達の姿です。つまり、この時点でいかなる「キャリア」が形成され、どのようなキャリアが展望されているかがとらえられるのです。このようなキャリア発達の課題を達成していくためには、**社**

---

(1)余暇人とは、スポーツや文化活動などの趣味をおこない、楽しむための役割のことをいいます。定年後の余暇を過ごすことではなく、仕事等と両立するものです。

図表1-3　ライフ・キャリアの虹

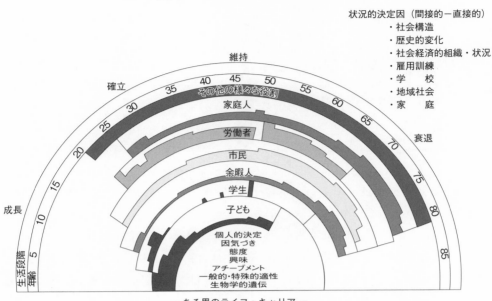

状況的決定因（間接的－直接的）
・社会構造
・歴史的変化
・社会経済的組織・状況
・雇用訓練
・学　　校
・地域社会
・家　　庭

個人的決定
因気づき
態度
興味
アチーブメント
一般的・特殊的適性
生物学的遺伝

― ある男のライフ・キャリア ―

「22歳で大学を卒業し、すぐに就職。26歳で結婚して、27歳で1児の父親となる。47歳の時に1年間社外研修。57歳で両親を失い、67歳で退職。78歳の時妻を失い81歳で生涯を終えた。」D.E.スーパーはこのようなライフ・キャリアを概念図化した。

出所：文部科学省（2011年）「高等学校キャリア教育の手引き」P.35をもとに作成。

会認識と自己認識を結合させて自己を方向づける**ことが必要です。

　ライフ・キャリアの虹を見るまでもなく、わたしたちは、いまもこれからも、それぞれの時期に応じて、複数の組織にてそれぞれの役割を発揮していかなければなりません。その意味でも、基礎的・汎用的能力を養う必要性は高いといえます。

③ ▶「キャリアデザイン」とは

　キャリアデザインとは、一般的には仕事を通して人生全般を設計することです。企業等の組織で働く場合、社員が中長期のキャリアを描けていれば、人事異動等に際しても、ある程度本人の希望を反映させることができます。社員が自分の希望する仕事に就ければ、モチベーションも高まり、組織にとっても有益です。また、大学生の皆さんにとってのキャリアデザインを定義すると、仕事理解・社会理解、および自己理解を通して、自分にとって最適な働き方を選択し、その選択に向けて求められる能力、自己課題等を洗い出し、それらを具体的な行動計画に落とし込み、実行に移していくことといえます。

　授業終了時に書く「振り返りシート」を見ていると、「〜したい」という願望がしばしば書かれています。そうすると、わたしは、「いつまでに、どの程度まで達成したいかを

図表1-4　キャリアをデザインするとは

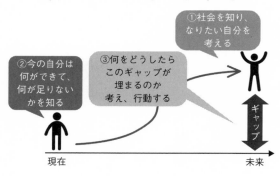

具体化してください」とフィードバックコメントを書きます。

　やり遂げたいこと、夢・希望、あるいは公務員になりたいなどの具体的な就業先など、皆さんの「〜したい」という願いはさまざまだと思います。そうしたことがある程度決まったら、それを達成するために求められる能力、自己課題等を洗い出し、具体的な実行計画を立ててください。つまり、いつまでに何をすべきかを考えてほしいのです。

　日本人には、総じて同調傾向があります。これは、組織等で調和を保つわれわれのいいところでもありますが、自立的思考を育成するには適さないときもあります。かつて欅坂46の「サイレントマジョリティ」という歌がヒットしました。その歌詞には次のような一節があります。

「選べることが大事なんだ　人に任せるな　行動しなければ　No と伝わらない」「君は君らしくやりたいことをやるだけさ　One of them に成り下がるな　ここにいる人の数だけ道はある　自分の夢の方に歩けばいい」
（作詞：秋元康、作曲：バグベア）

　わたしたちは、幸いにも、自由な職業選択が権利として認められていますし（日本国憲法第22条）、選択肢もたくさんあります。大学での履修科目、部・サークル等への加入、アルバイトなど、選択余地も無数にあります。そして、こうした選択肢を選びながら、自分なりの**判断基準（軸＝自分が大切にしていること）**を確立していくことになります。どのような人生を送るか、卒業後、どのような仕事に就くか、多少の制約はあるでしょうが、自由に決めていいのです。しかし、自由だからこそ、いろいろと考えなければならないともいえます。自分を理解し、社会・業界を調べながら、最適なデザインをおこなっていきましょう。

　大学生という時期は、本来、高校生までに将来的な方向性を見定め、学部選びをおこなっているものです。その意味では、キャリア発達段階としての「探索段階」にあるといえます。高校生までに暫定的に選択した職業、あるいはまだ将来のことが定まっていなくても、自分がもっとも学びたいと思った学部を選び、そこから将来の仕事を考えるというケースもあるでしょう。こうしたこれまでのことを再考し、自分にとって相応しい適職は何か、もっと自分の適性を発揮できる別の仕事はないかなどを具体的に検討していく時期

ともいえます。

　こうしたことを踏まえると、主に大学1・2年次には次のようなことを考えることをお勧めします。

・大学での学びの意義の発見：社会での活用、実践への有用性を考える

・暫定的に選択した職業の深耕：仕事内容の理解、及びその周辺関連業界を探究する

・自己理解：多様な経験を通して、自分の可能性、強み・弱みを把握する

　また、こうしたとき、他者からのアドバイスはとても有効です。家族に相談するのも一案ですが、そのほか、キャリア系科目の担当教員、キャリアセンターのスタッフなどに相談するのもよいでしょう。皆さんは、「キャリアセンター＝就職支援」と、キャリアセンターの役割を比較的狭く捉えているようです。1・2年生であっても、ぜひ利用してみてください。

④ ▶ キャリアデザインにあたってのポイント

（1）中長期のキャリア形成も考える

　最近、「人生100年時代」などと、よくいわれるようになりました。人生100年時代をどう生き抜くかをテーマとしたリンダ グラットン、アンドリュー スコット著、池村千秋訳による『LIFE SHIFT』（2016年、東洋経済新報社）が発行、注目されたことも影響していると思います。確実なことは超高齢化などといわれているとおり、定年後の人生が長くなってきています。

　それに対して、わたしたちは、具体的に何を考えたり、準備しておけばいいのでしょうか。キャリアというとき、どうしても、卒業後すぐの就職のことだけを考えてしまいがちです。しかし、大学を卒業し70歳まで働くとすると、実際には半世紀近く働くことになります。ですから、資格取得、語学力アップなど、短期ではなく長期の視点で捉える必要

図表1-5　短期視点ではなく、中長期視点で考える

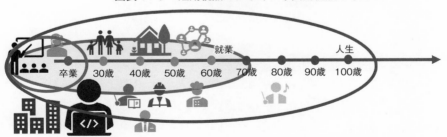

70歳まで就業と捉え中長期の視点でのキャリア形成を考える

があります。**キャリアデザインとは、こうした長期の視点から、自分の働き方や生き方について考え計画を立てることです。**

（2）4年間のグランドデザインを描く

　大学に通学するのは、通常1年間のうち、30週程度（15回×前・後期）です。つまり残りの約20週の過ごし方が大切になってくる、差のつくところとなります。次の表を使って、4年間の夏休み、春休みの計画（合計8回）を立ててみてください。残りの約20週、つまり約5か月間の過ごし方が重要です。

　なお、3年生の欄には予め就職活動などの予定が入っていますが、一般的には民間企業への就職活動時期になります。

【演習3：大まかな長期休暇の予定を立てる（個人）】

学年	夏休み	春休み
1年生		
2年生		
3年生	インターンシップ参加	本格的な就職活動
4年生		

　一般的に企業系への就職を希望される場合には、インターンシップに応募、参加することが可能です。そして、3年生の春休みから本格的な就職活動がスタートします。つまり、4年間全体を見通すと、自分自身が自由に活動できる長期休暇は1・2年生までと、就職活動が終わった4年生の時期といえます。そして、2・3年生でのインターンシップ、就職活動では、エントリーシート等で自己PR、学生時代に力を入れたことなどを記入していかなければならないのです。逆算すると、1・2年生のときに、こうした就職活動に備えた活動が必要ということです。なお、早く就職活動をしてほしいわけではなく、3年生での就職活動から逆算して、さまざまな活動、資格取得、留学等を計画的に進めてほしいということです。大学に入学したら、できるだけ早い時期に4年間のグランドデザインを描いてみましょう。

（3）選択するということ

　就職関連のことに関していえば、大学院か就職か、企業か行政機関か、そのほか今後はゼミ選び、留学など、学生時代にはたくさんの選択を迫られることになります。

　3年生になり、就職活動をはじめると、学生は早く業界等を決めたがる傾向にあるようです。それは、決めればその業界だけを見ていけばいいと考えているからです。その選

択したことだけに集中できます。しかし、その結果、選ばなかった業界については知識も乏しくなる、あるいは自分は公務員の受験勉強で忙しくなるから企業系のことは知らなくていいと考えがちです。果たしてそうでしょうか。もちろん、ひとつの考え方なので、賛否があって構いません。しかし、公務員になっても取引先には民間企業もあるでしょうし、公務員がサービスを提供する市民は企業勤務の方が大半です。それに、半世紀近い就業ということを考えれば、生涯同じ職業に就くことはむしろ稀です。

　選ばなかったほうについても、一定の理解、経験は必要です。選択すればするほど、視野が狭くなるというのでは本末転倒です。

（4）学びと仕事を分離しない

　いまの学びは、将来のどのような仕事と接続しているのでしょうか。そして、授業を聞いているとき、こうした接続を考えたことはありますか。学びの目的や意義が明確になれば、いままで以上に、学んでいることに、興味・関心を持てると思います。ただ学んでいるだけで、それがどのような有用性を持つのかがわからなければ、モチベーションもあがりません。ズームアウト[(2)]の視点で、学びの活用場面を想像してみてください。

図表 1 - 6　就職活動、仕事は学びの延長線上にある

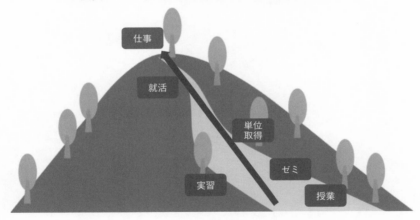

（5）関連性を大切にする

　大学での学びは、一般的には探究活動が中心になります。「なぜ？」と問いを立てたり、先行研究を踏まえながら、さらに自分の論理を展開したりすることになります。一方、キャリア教育では、**「関連性」** も大切にします。仕事・職業との関連性、専門課程との関連性などです。つまり、深く自分と向き合うとともに、学びと仕事での活用場面を考えたり、専門課程での学びをどのように将来の仕事で活用するかを想像することもキャリ

---

(2) ズームアウトについては、Chapter 4 第 2 節にて詳しく学びます。

ア教育の役割です。キャリアデザインにあたっては、こうした関連性も大切にしてください。

〈参考文献〉

三村隆男（2004）『新訂キャリア教育入門』実業之日本社。

国立教育政策研究所（2010）『キャリア教育のススメ』東京書籍。

藤田晃之編著（2018）『キャリア教育』ミネルヴァ書房。

藤田晃之（2019）『キャリア教育 フォー ビギナーズ』実業之日本社。

日本キャリア教育学会編（2020）『新版キャリア教育学説』東洋館出版社。

Column

どのような仕事にも求められる基礎的・汎用的スキル

　皆さんは歯科医院に通院した経験はありますか。最近の歯科技術もかなり高度になっていますから歯科医師には、臨床経験とともに、先端治療の知識・技術に関するインプットも求められています。患者として受診する立場からすると、同時にキャリア教育での育成が期待されている「基礎的・汎用的スキル」も必要だといえます。特に、「人間関係形成・社会形成能力」として、患者の症状を詳しく聴き取り理解する力、そのための質問力、そして、そうした患者との対話をスムーズに進めるための信頼関係構築が大切だと思います。

　たとえば、「痛い」といってもその程度は患者により異なります。ちょっとでも痛いということを「痛い」という患者もいるでしょうし、我慢強くほんとうに痛くなってから「痛い」という患者もいるでしょう。その人の痛みの程度や状況などを正確に理解しなければ、適切な治療をおこなうことはできません。ですから、患者のことばを正確に受け止めることが求められます。そのためには、質問力、痛みに関する語彙（伝えるための表現）、相手が我慢強い患者なのかなどの見立ても必要です。こうした一連の能力はまさに「人間関係形成力」に関わるものです。

　私がこれまで出会った歯科医の先生は、痛みを受け止めて治療にあたってくれます。そして、丁寧で朗らかですから質問もしやすく、安心して治療してもらうことができます。皆さんのなかにも、資格を取得したり、自分の特技を生かし専門職に就こうと考えている人もいると思います。専門的なスキルを強みにして仕事をおこなう場合、どうしても専門的な知識・スキルの習得に力点がおかれ、人間関係形成力の育成は後回しになりがちです。しかし、専門職として仕事をするからこそ、仕事をいただくお客さまの存在をおろそかにはできません。どのような仕事に就いても、どのような地位にあっても、人間理解、思いやりが大事です。

大学での学びの意義を考える

何のために学ぶのか

　「大学での学びと高等学校までの学びの違いを述べよ」といわれたら、皆さんは何と答えますか。さまざまな答えがあっていいと思いますが、最大の違いは、「自由度が高い」ということです。どの科目を履修するか、教職等の資格はとるか、外国語は何を選択するか、どの程度学びに時間を割くかなど、大学での学び方と過ごし方（時間の使い方）は自分で自由に決めることができます。必修科目は必ず履修しなければなりませんが、そのほかの科目については、自分の将来の方向性、興味・関心などから、4年間の学び方をデザインできるわけです。

　このように考えると、卒業後の目標などが明確であれば、その目標達成のために求められる学習内容を中心に履修科目を決めていくことができます。履修科目の組み立て、授業への取り組みなど、現在の興味・関心とともに、将来のキャリア形成も合わせて考えていくことがより充実した大学での学びに関わっています。また、将来のキャリア形成を考えながら学習を進めることは、学びの意義を考えることにもつながります。

この Chapter の到達目標

□授業に取り組む際、自分自身の将来のキャリア形成を踏まえ、それぞれの学びの活用余地、必要性などを考えることができる。

□学習活動にあたって、「必要性の理解」が重要であり、それは自分自身で考えなければならないものであるということを認識したうえで授業に取り組むことができる。

□探究活動を妨げるものを認識し、それらを自ら改善することができる。

---

1 ▶ 大学での学びとキャリアを結びつけるための演習

　大学での学びと高等学校までの学びの違いを問われたら、「授業時間が長い」「原則各科目週1回しかない」「シラバスに沿って授業が行われる」「予習・復習が求められる」などといったことを思い浮かべるでしょうか。これらも大学での学びの特徴です。

　ここでは、こうした形式的なことのほか、どのような違いがあるか。高等学校での学びと大学での学びを対比しながら考えてみましょう。

【演習１：高校と大学での学びの違いを対比してみる（個人）】

項目	高校	大学
授業の進め方 学び方など		
テスト、レポート、課題など		

　さて、どのような特徴があげられましたか。「レポートを書くことが多い」「振り返りを求められる」「グループでの演習がある」など、さまざまな特徴があげられたことと思います。

　ここでは、次の２つに焦点をあてて説明します。

> ・履修科目を自由に選べること
> ・より探究型の学びに移行すること

　前述のとおり、履修科目の選択に関しては大学に入学すると、必修科目はあるものの、語学、教養科目、専門科目等も自分で決めることができます。履修科目の選択、時間割の組み方など、自由度がいっそう高まったことが大きな特徴でしょう。

　さて、ここでまた考えてほしいことがあります。あなたは、どのような基準で語学、教養科目等の選択をおこなっていますか。

【演習２：履修科目選択の判断基準を考える（個人）】

系統	判断基準
語　学	
一般教養	
専門科目	

　履修科目の選択は個人に任されていることが大学の大きな特徴のひとつですが、「自由」といわれるほど難しいこともないのではないでしょうか。あまり考えずに、「楽に単位がとれそう」「友だちといっしょに受講したい」「空きコマをつくりたくない」「週休３日にしてアルバイトのシフトをたくさん入れたい」など、どちらかというと、学習内容より、自己の都合で決めることもあると思いますが、ここではひとつだけ大切な判断基準を提案します。それは**「卒業後のキャリア接続」**です。まだ将来の仕事、就きたい職業等が明確に決まっていないという人も多いと思います。現時点で構いませんから、どのような仕事に就きたいか、そのためにはどのような学びをしておくと有利かという判断基準を加えて

ください。

　また、大学では、より探究型の学びに移行するため、いままで以上に調べたり、考えたりする機会が増えます。こうしたことに対応するため、Chapter3・4では、「学びとキャリアを考えるための技を身につける①・②」が用意されています。これらは論理的な思考法を学ぶものです。

　それでは、現時点での将来の仕事を想定し、次の演習に取り組んでみましょう。

【演習3：就きたい仕事と求められる科目など（個人）】

現時点での就きたい仕事

その仕事に求められる専門性や知識

上記を踏まえて履修しておきたい科目、あるいは重点的に学ぶべき科目、とっておきたい資格など

　図表2-1は学校に通う意義に関する若者の諸外国との国際比較です。調査対象は13歳から29歳となっており、大学生だけではありませんが、学校で「仕事に必要な技術や能力を身に付ける」ということに関し意義を感じている日本の若者は他国と比べて非常に低い結果となっています。日本と韓国以外は、8割以上の若者が「仕事に必要な技術や能力を身に付ける」にあたって、学校には「意義がある」「どちらかといえば意義がある」と回答しています。友だちどうしなどでも学びの意義などは、あまり話題にあがらないか

図表2-1　学校の意義と満足度「仕事に必要な技術や能力を身に付ける」について

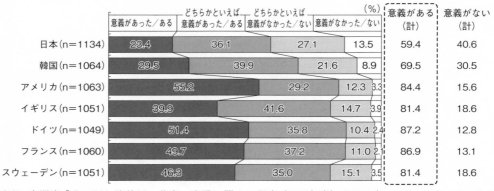

出所：内閣府「我が国と諸外国の若者の意識に関する調査（2018年度）」P.120（https://warp.da.ndl.go.jp/info:ndljp/pid/12927443/www8.cao.go.jp/youth/kenkyu/ishiki/h30/pdf/s2-5.pdf）。

もしれませんが、それが当たり前というわけでは決してありません。何のために学ぶの
か。自分のキャリア形成を考えながら、科目選択、授業に臨んでください。

　「何のために学ぶのか」「どんな場面で活用できるのか」といったことを、それぞれの授
業のなかで考える機会はあまりないと思われます。しかし、こうした目的や活用場面を考
えることが、**学びと仕事を接続させる**ことにもなり、結果的に学習のモチベーションの源
泉ともなります。授業のなかであまり考える機会が与えられなくても、自分自身でこうし
たことを自問自答しながら学習を進めてください。

　アメリカの哲学者ウィリアム・ジェームズ
は、「**心が変われば行動が変わる。行動が変わ
れば習慣が変わる。習慣が変われば人格が変わ
る。人格が変われば運命が変わる**」といってい
ます。運命を変えたいと思ったら、こうしたプ
ロセスを辿っていかなければならないというこ

とです。それでは、その前提としての心が変わるためにはどうしたらよいのでしょうか。
心情、考え方を変えるためには多くの知に触れたり、経験することが有効です。経験する
ことにより、触発されたり、影響を受けたりもするでしょう。そうした意味でもバランス
よく学びと経験を続けることが求められます。

2 ▶ 学びの意義を意識する

　わたしは人材系の民間企業におよそ20年間勤務し、その後10年ほど大学に勤務してい
ます。そのわたしが大学の授業のなかで、もっとも頻度高く皆さんに発信していることば
は**「必要性の理解」**です。これはキャリア系の科目、初年次教育系の科目とも共通です。
その学びをどのような場面で活用するのか、あるいはどのような有用性があるのかを考え
たり、想像してください。先の図表2−1からも、日本は国際的に見ても、あまり学びの
意義を意識していないことがわかりました。しかし、学びの意義や将来の仕事との関連性
を考えず、無目的に受講していても、おもしろいはずもありません。

　イソップの寓話「3人のレンガ職人」の話を聞いたことはありますか。中世のとある
ヨーロッパの街を旅人が歩いていると、汗をたらたらと流しながら、重たいレンガを運ん
では積み、運んでは積みを繰り返している3人のレンガ職人に出会いました。そこで旅
人は「何をしているのですか？」と尋ねました。すると、その3人のレンガ職人は次の
ように答えました。

・1人目：「そんなこと見ればわかるだろう。親方の命令で"レンガ"を積んでいるるん
　だよ。暑くて大変だからもういい加減こりごりだよ」と答えました。

・2人目：「レンガを積んで"壁"を作っているんだ。この仕事は大変だけど、金（カネ）が良いからやっているのさ」と答えました。
・3人目：「レンガを積んで、後世に残る大聖堂を造っているんだ。こんな仕事に就けてとても光栄だよ」と答えました。

　3人のレンガ職人は、それぞれ「レンガを積んでいく」という意味では、同じ仕事をしています。しかし、働く意義がまったく異なります。1人目はいわれたからレンガを積んでいるというだけです。夢ややり遂げたいという意思はまったくありません。作業としての仕事としか捉えていません。一方、3人目は「後世に残る歴史的事業に参加して街中の人を笑顔にするため」という志を抱き、明確な目的意識を持って働いていると思われます。

　理由もなく、何かやらされることほど、辛くつまらないことはありません。学習にも同じことがいえます。学びの意義を意識し、どのような場面で使えそうか、どのような有用性があるのかなどを考えてほしいのです。

　さて、あなたの現在の学びは将来どのような場面で役立つことが期待されていますか。語学、一般教養、専門科目、それぞれ1科目以上取りあげて考えてみましょう。

【演習4：学びの必要性、有用性を考える（個人）】

系統	科目名	具体的な必要性、有用性	将来役立つ場面
語学			
一般教養			
専門科目			

　たとえば、資格を取得するために勉強するというときには、合格や資格取得という明確な目標がありますから、勉強にも取り組みやすいと思います。しかし、大学での授業では、学びの意義を考えることが難しいかもしれません。そのヒントが、「必要性の理解」なのです。その科目の必要性、将来の活用余地、ほかの科目での活用などを具体的に考えられるとモチベーションも高まります。

　具体的な仕事が決まっていなくても、この学びはどのような場面で使えそうかということを想像することがきわめて重要です。学ぶというとき、基本書などを読み込み、教員の話をしっかり聞くなど、どうしても内容の理解が重点になってしまいがちです。それは仕方のないことですが、時々ズームアウトの視点に立って、その学問そもそもの有用性、学びの意義を考えるということができると、いっそう学びが楽しくなります。何のために学ぶのか、どんな場面で活用できるのか。そうした将来との接続を具体的に考えるようにしてください。

③ ▶学びの大敵としての４つのイドラ（思い込み）

　学びの必要性を考えるといった深い探究活動には、「学びの大敵」を理解し自ら改善するといった姿勢が求められます。

　何かを見たり、評価したりする際、先入観を取り除くことは、きわめて重要なことです。たとえば、パワーポイントを使って流暢にプレゼンをしているだけで、内容もよく吟味せずにすばらしいアイデアだと評価しかねないといったものです。こうした先入観、思い込みは真理を見誤ることにもなりかねません。

　16世紀から17世紀にかけて活躍したイギリスの哲学者フランシス・ベーコンは、世界を正しく観るために**４つのイドラ（思い込み）**に囚われないようにしなければならないと指摘しています。他者の意見も聞かずあまりにも自己中心的であったり（洞窟のイドラ）、先生や有名なコメンテーターが言っているから正しいと安易に信用したり（劇場のイドラ）といったことが生じてしまうことがあります。

　これまでの学生生活を振り返り、あなたが気をつけなければならないイドラを図表２-２で確認してみてください。

　特に、注意してほしいのは洞窟のイドラです。市場のイドラ、劇場のイドラは気をつけようと意識すれば対応できます。しかし、洞窟のイドラは、まず自分が狭い世界にいるということに、気づかなければなりません。こうした個人の思い込みを認識するうえでも、

図表２-２　４つのイドラ（思い込み）

４つのイドラ	特徴
人間の思い込み（種族のイドラ）	人間であるがゆえに制約を受け、見誤ってしまう（朝日や夕日は昼間の太陽よりも大きく見えてしまう人間の目の錯覚）
個人の思い込み（洞窟のイドラ）	狭い自分だけの思考から世界を見てしまう（自己中心的な思考の域を出られない）
ことばの思い込み（市場のイドラ）	伝言などを信じてしまうことによる誤り（他人からの話をそのまま真に受けてしまう）
権威への思い込み（劇場のイドラ）	社会的に認められている人の意見を安易に信じてしまう（有名人や偉い人の話を信じる）

グループ討議などでの対話の機会が非常に重要になってきます。グループ討議では同じテーマについて議論しても、メンバーそれぞれが異なる意見を述べると思います。こうした対話を通して自分の思考の偏狭さに気づくこともできます。

　こうしたイドラは誰もが程度の差こそあれ持っているものです。つまり、自分自身も他者からは偏見、先入観を持って見られているということです。文字がきれいだと内容も素晴らしいと思われたり、きちんと挨拶ができると礼儀正しい人だと思われたりと、他者はそれぞれの個人の思い込みを持って、相手の評価・判断をおこなっています。こうしたことも認識しておいてほしいことです。

　学びにあたって思い込みは大敵です。ベーコンはこれを断ち切るためには、**「観察と実験」**しかないと考えました。思い込みなどの主観ではなく、客観的な事実（データ）や実験により真理に近づこうとしたのです。論文を書くとき、自分の主張をより説得力の高いものにするため、アンケート調査をおこなったり、実験を繰り返したりします。これらも自分の思い込みをできるだけ排除するための対策なのです。

　自分も含めて、程度の差こそあれ、誰もが偏見、先入観を持っているものだという認識を持つことが大切です。

　匿名によるSNS上での意見を読んでいると、人の一側面だけを見て独断と偏見に満ちた攻撃を加えているものもあるように思われます。ベーコンが「４つのイドラ」を提唱したのはいまから400年以上も前のことです。400年以上も前から指摘されながら、わたしたちはなかなかイドラから解放されることはありません。だからこそ普段から、こうした偏見、先入観を意識して考える姿勢が問われます。

④ ▶ そのほかの学びの大敵、留意点

　４つのイドラのほか、授業、答案、振り返りシートなどから、気になる改善事項が２つあります。

> **(1)面倒くさい**
> **(2)傾聴姿勢（アイコンタクト、頷き、ノートテイク）**

(1)面倒くさい

　学ぶという行為は、小さなこと、細かなことの積み重ねです。論文を書くにしても、根拠となる文献を集めたり、納得できないことがあれば調べたり、対象者の同意を得てアンケートを取得したりと、細かなことの積み重ねです。いずれも、ひとつずつの事項はそれほど大変ではなくても、こうした事項を複数、重ねていくには、面倒くさいという習慣は探究活動を妨げます。配付資料を順番にファイリングする、依頼された課題をおこなった

図表２－３　複数科目の資料を１つのクリアーケースに収め資料が溢れている状態

うえで授業に臨む、レポート課題を指定期日までに指定の条件に則り提出する、但書・脚注まで丁寧に読んで対応するなど、普段の学習活動も細かな事項の連続です。

　レポートを提出するにも、レポート課題文を丁寧に読み、提出方法、提出先、提出期限などを確認し、取り組む時間を決めて計画的に進めていかなければなりません。

　ところで、皆さんは、１つのクリアーケースに複数科目の配付資料を入れて、資料がクリアーケースから溢れているなんてことはありませんか（図表２－３）。科目ごとなど、ルールを決めて整理すればいいだけのことですが、ためてしまうとこのようにケースからはみ出してしまいます。確かに、こうした資料の管理などは個人の自由ともいえそうですが、必ずしもそうとは限りません。授業で、「先週の配付資料を出してください」なんてお願いすることがあります。こちらは、「どんなに遅くとも１分程度で取り出せるだろう」と見積るわけです。しかし、それが一瞬にして裏切られるわけです。しかも、回を重ねるほど、配付資料も多くなりますから、相当の時間を要するわけです。たかがファイリングかもしれませんが、全体の進行にも影響を及ぼしているといえる例です。

　皆さんが将来就く仕事も、業界・業種を問わず細かなことの連続です。このテキストは「キャリアデザイン」という将来のキャリア形成を考えるためのものですから、面倒くさいという状態を放置しておくと、卒業後、どのような問題が生じることになるかということも考えてもらいたいわけです。

　社員証を忘れれば、オフォスに入室することもできません。有給休暇を取得するにも手続きや上司への承認など、煩雑な手間がかかります。しかし、勝手に休むわけにもいかないですし、チームで仕事をしている以上、メンバーにあまり負担をかけない日を見つけて、上司の承認を経て、届出をするという手順が求められます。慣れれば大したことはありませんが、いまのうちから、細かなことが苦にならないようにしておくと卒業後、仕事もスピーディに進められます。

　学習活動において面倒くさがらずに取り組んでおいてほしいことを５つご案内しておきます。できているか、まずはチェックしてみましょう。そして、チェックがついていないものは、いつから実行するか、期限を決めて実施してください。

【演習5：習慣にしてほしい学習関連事項（個人）】

上段：チェック 下段：日付	習慣化すべき事項
☐ 　　　月　　　日	①レポート、課題等が出たら、提出期限、実施日（時間）などを決め、手帳に書き込んで実施している
☐ 　　　月　　　日	②配付資料は科目ごとにルールを決めてファイリングしている（紙、データとも）
☐ 　　　月　　　日	③メール等の返信はルールを決めて概ねその日のうちに対応している
☐ 　　　月　　　日	④課題等の文言は但書まですべて丁寧に読むことが習慣になっている
☐ 　　　月　　　日	⑤授業で必要なことはメモをとり聞くことが習慣になっている

（2）傾聴姿勢

　敢えて傾聴をあげるということは、残念ながら傾聴姿勢がとれている学生が少ないからです。傾聴には次のようなことが含まれています。

・アイコンタクトがとれている、・要所で頷いている（反応がある）

・必要なことをメモしている

　授業はどうしても教員の説明が中心になります。しかし、同じ教室で探究、対話をおこなっている以上、相手に対する承認としてのアイコンタクト、わかっているということを示す頷きは重要になってきます。皆さんの様子を見ながら、教員も説明を変えています。わかっていないようだったら例示する、あるいは説明法を変えるわけです。その意味でも、アイコンタクト、頷きは重要です。また、重要事項をメモすることも必要です。教員が話すことのすべてをメモすることはできませんし、すべてを書きとることに意味はありません。ただ、教科書にも書かれていなくて、要点となることはしっかりと書きとっておきましょう。その意味で大切なことは**予習**です。シラバスには、それぞれの授業回にて行

われる学習内容が記載されていますから、そのテーマや当該箇所のテキストを読んでおくだけでも、何をメモすればよいかわかると思います。つまり、その日の授業では何について学ぶのかということを、しっかりと把握しておくことです。

　こうした傾聴姿勢は大学だけで終わるものではなく、仕事においても求められることで

す。営業担当者としてお客さまの話をしっかり聴き⁽¹⁾ ながらメモをとるなどにつながります。こうした一連の傾聴姿勢は容易に習得できるものではありません。大学から就業まで生涯使えるスキルとなります。学生時代にぜひレベルの高い傾聴力を身につけてください。

5 ▶ 多角的視点の獲得

「多角的視点」「複眼思考」などを習得するための書籍が書店のビジネス書コーナーにも多数並んでいます。これはニーズが高いともいえますし、それだけ習得が難しいテーマであるともいえそうです。多角的視点とは、端的にいえば角度を変えてさまざまなアプローチで考察していくことですが、これを学びのなかで実践することは非常に難しいと思います。

わたしたちは入学時にそれぞれの専門領域としての学部を決めていますから、どうしてもその領域を中心とした探究をすることになります。専門的な学びを深めるということは、そのテーマに関して、より深い探究ができるということですが、ほかのアプローチを失っているともいえます。こうした二面性があることにも注意が必要です。こうしたことを回避するためにも、次のようなことを意識してください。

---

①文系・理系を問わず、異なる学部の学生との交流を持つ

②他学部の基盤となる専門科目を聴講してみる

③立場・役割の異なる人との交流を持つ

④異なる役割を担ってみる

---

①②は学習、③④は学習のほか、課外活動でもできます。異なる学部の学生との交流は、アルバイト、サークル活動など、特別なことをしなくても、教養・語学科目での授業でもできると思います。特にこうしたキャリア形成支援科目では、グループでの演習なども頻繁におこなわれますから、できるだけ異なる学部の学生との交流をもつと、自分とは異なる思考、価値観に触れることができます。大学での友だちは一生

(1)「聞く」に対して「聴く」には積極的に耳を傾けるという意味があり、特に「傾聴姿勢」を扱うところでは、「聴く」を使うほうが適切ですので、本テキストでは前後の文脈により、「聞く」と「聴く」を使い分けています。

付き合っていけることのできるものです。気の合う友だちを見つけることも大切ですが、価値観、興味・関心の異なる人との対話では、新たな刺激を受けることもあります。授業内でのグループワークなどは、新たな価値観に触れることのできる接点と捉え、他学部の学生に積極的に声をかけてみるとよいでしょう。また、アルバイト先などで社員の方と話すと、立場の違いによる思考の違いに触れることができると思います。

　立場が違えば考えていること、大切にしていることも当然ながら異なるものです。アルバイト先の店長など、立場の違う人との対話なども多角的視点の獲得に役立ちます。

　たとえば、困っていること、仕事での悩みなどを質問すれば、店長の苦労などもわかると思います。そして、アルバイトメンバーとして同じ職場にいても、考えていることは随分と異なるということに気づくと思います。

　また、店長とアルバイトメンバーに同じ質問をしてみるというのも多角的視点の獲得に有効です。たとえば、「最近、困っていることは何ですか」などと質問した場合、アルバイトメンバーであれば、「語学が苦手で外国人対応に苦戦している」などと答えるでしょうし、店長であれば、「今月は売上があと200万円足りない」「アルバイトメンバーのシフトが埋まらない」なんて苦悩が出てくるかもしれません。

　アメリカの哲学者アラン・ブルームは、著書のなかで、一般教養教育の役割として**「複数のありうべき答えを知ること」**と述べています[2]。つまり、他のいろいろな見方・考え方があり得るということを示すことに教養教育の役割と価値があるわけです。専門性を高めるとどうしてもズームインの視点になり、自分の考えが正しいなんて思いがちです。し

かし、そのようなとき、それが唯一の解答だろうか、もっとほかにすぐれたものはないかなどと自問自答したり、そうした他者の思考を受け止めるということが何よりも重要です。つまり、大学における教養教育と専門教育とは、自動車の両輪のようなものなのです。

　ところで、読書は多角的視点の獲得にも貢献するものです。著者がそのように考えた理由を想像する、物語などでは登場人物になりきるなどで、他者の視点を獲得することができます。明治大学教授の齋藤孝先生は、著書のなかで「今月は太宰治月間、翌月はまた別の著者月間」と、「著者月間」をつくり複数の著者の価値観に触れることを勧めています[3]。専門書以外の読書も計画的におこなってください。

(2)アラン・ブルーム（1988）『アメリカンマインドの終焉』みすず書房、P.13。
(3)齋藤孝（2019）『読書する人だけがたどり着ける場所』SB クリエイティブ、PP.61-62。

⑥ ▶学びをどう位置づけるか

　学ぶという行為は他者を巻き込んで成立するものです。本を読むということは著者との対話ですし、グループ討議はまさに他者にはたらきかけての合意形成です。こうした行為は自己中心性から離れ自分の立ち位置や価値観を確認したり、自己を客観視することにもつながります。

　さて、本 Chapter 最後では「あなたにとっての学びの意義」を定義してもらいます。「学びとは、自分を知ることである」「学びとは、自分をより良く変えることである」など、いろいろな定義が考えられます。お願いしたいことは、あなたにとって、学びをどう位置づけるかということを決めてほしいということです。そして、その定義を持ち合ってグループで発表しあってください。

【演習６：学びの定義（個人⇒グループ）】

（学びの定義）

　　　　　　　　　　　　　　　　　　　　　　　　　　　　　　　

（メンバーの定義）

　

　

　

　

　図表２−４、２−５は前述の図表２−１と同様、若者（13歳から29歳の男女）の意識に関する国際調査です。図表２−４では「自分自身に満足しているか」という質問に対し

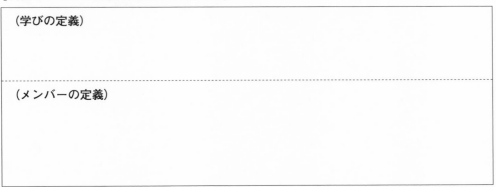

図表２−４　自分自身への満足感について（国際比較）

※出所：内閣府「我が国と諸外国の若者の意識に関する調査（2018年度）」P.8（https://warp.da.ndl.go.jp/info:ndljp/pid/12927443/www8.cao.go.jp/youth/kenkyu/ishiki/h30/pdf/s2-1.pdf）。

図表2-5　勉強しているときの充実感について（国際比較）

	あてはまる	どちらかといえば あてはまる	どちらかといえば あてはまらない	あてはまらない	(%) あてはまる (計)	あてはまらない (計)
日本(n=1134)	13.4	36.2	31.1	19.3	49.6	50.4
韓国(n=1064)	33.1	39.8	20.5	6.6	72.9	27.1
アメリカ(n=1063)	42.8	33.9	16.5	6.9	76.7	23.3
イギリス(n=1051)	32.3	39.1	22.4	6.3	71.4	28.6
ドイツ(n=1049)	27.8	41.8	23.8	6.5	69.7	30.3
フランス(n=1060)	30.9	41.3	19.2	8.6	72.3	27.7
スウェーデン(n=1051)	30.5	37.6	24.2	7.7	68.1	31.9

※出所：内閣府「我が国と諸外国の若者の意識に関する調査（2018年度）」P.24 (https://warp.da.ndl.go.jp/info:ndljp/pid/12927443/www8.cao.go.jp/youth/kenkyu/ishiki/h30/pdf/s2-1.pdf)。

　て、「そう思う」「どちらかといえばそう思う」と回答した日本の若者は、45.1％です。国際的にも日本の若者の自己肯定感が低いことが窺えます。学びを通して自分を知り、できることを増やし、自己肯定感を高めていってください。また、学びは前述のとおり他者を巻き込みます。こうした意味で他者尊重感を高めることも重要になってきます。

　また、図表2-5は上記と同じ国際比較にて「勉強への充実感」を調査したものです。こちらでも日本の若者の充実感は著しく低い結果となっています。「勉強に打ち込んでいるときに充実感を感じている」（「あてはまる」「どちらかといえばあてはまる」を合算）と回答した日本の若者は49.6％です。これは7か国中、最下位です。学びに対する必要性、活用余地など、学びの意義を考え、充実感を得られるようにしてください。そのためにも、将来のキャリア形成などを合わせて考えながら、あなたのキャリアをデザインしていきましょう。

〈参考文献〉

瀧本哲史（2016）『ミライの授業』講談社。
キャロル・ヴォーダマン著、山崎正浩訳（2016）『スタディスキル図鑑』創元社。
村山昇（2018）『働き方の哲学』ディスカヴァー・トゥエンティワン。
村山昇（2020）『スキルペディア』ディスカヴァー・トゥエンティワン。

Column

1 歩先を行くには…

　学生さんたちの就職活動での情報収集の様子を見ていると、主に就職支援サイト、就活関連書籍などから情報を入手しているようです。もちろん、それでいいのですが、タイトルのとおり、少し背伸びして新入社員が読む書籍などをご覧になると、仕事で何が求められるのかがより具体的に想像できると思います。

　『入社1年目の教科書』[1] などは、4月になると、例年「新入社員必読書コーナー」などに置かれている1冊です。50項目にわたる具体的なアドバイスがあります。

　『コンサル1年目が学ぶこと』[2] などは、コンサルタント志望ではなくても、学んでおきたいスキルが集約されています。

　『入社1年目の教科書』は意識・態度系のこと、『コンサル1年目が学ぶこと』はスキル系のことがいずれも具体的に紹介されています。

　職場がどのようなものなのか、ビジネスパーソンはどのような考え方で仕事に取り組んでいるのか、どのようなスキルを習得しておくと有利なのか。こうしたことを学んでおくことをお勧めします。いまは大学という海にいます。今度は職場という海に移動するわけです。当然、水質、水温、波の荒さなども異なるように、組織のルール、学んでおくべきことも異なります。

　準備の重要性については、本書でも触れています。就職活動に熱心であることも必要ですが、1歩先を読み、就業後に必要なことも学んでおくことはとても有効な準備だと思います。

　仕事において、こうした意識・態度、スキルが求められるということが予めわかっていれば、就職活動においても、求められていることがわかるわけですから、対応もとりやすいと思います。採用後の活躍を期待されて内定を出すわけですから、就業のことを意識した読書というのもあっていいのではないかと思います。

(1)岩瀬大輔（2011）『入社1年目の教科書』ダイヤモンド社。
(2)大石哲之（2021）『コンサル1年目が学ぶこと』ディスカヴァー・トゥエンティワン。

学びとキャリアを考えるための技を身につける①
ロジカル・シンキングを習得するには

　なぜ、キャリアデザインのテキストでロジカル・シンキングを学ぶのか。そのような疑問を持たれたことと思います。しかし、論理的に考えるための思考ツールを使いこなせるようになっていると、込み入った情報・条件を容易に整理でき、結果としてモノゴトを見通しのよい状態にできます。「見通しのよい状態にする」には現状の課題を整理し、問題の所在を見つけ、解決策を考えていかなければなりません。自分のキャリアを見通しよくするにも、こうした問題解決の手法を活用できるわけです。ロジカル・シンキングは、まさに学びとキャリア、双方を考えるためのツールとして有効なものなのです。

> **この Chapter の到達目標**
> □学習、仕事など、あらゆる場面で、ロジカル・シンキングが有効であるということを理解する。
> □ロジカル・シンキングの考え方を理解し、学習、課外活動、将来のキャリア形成を考える際、活用できるようになる。

1 ▶ ロジカル・シンキングの必要性を考えるための演習

　「論理的に考える」とは、いったいどのように考えることなのでしょうか。おそらく皆さんはなんとなくわかっていると思いますが、それをことばにして説明することを求められたら戸惑うのではないでしょうか。中学校・高等学校でも、「論理的思考法」などという科目はありませんから、個々人により、論理的思考力には随分とばらつきがありそうです。大学でのレポート作成、グループ討議や卒業後の仕事などでは特に精度の高いアウトプットが求められます。こうしたときに役立つ思考法がロジカル・シンキングです。

　ロジカル・シンキングというと、難しそうで敬遠したくなるかもしれませんが、実はそれほど難解なものではありません。あくまで、われわれの思考や情報・条件を整理し、問題解決への見通しをつける思考ツールです。

　信用できるデータに基づき、分析・評価をおこない、その結果から、推論、仮説（解決策）を導く一連の思考プロセスこそ、ロジカル・シンキングです。まだ、よくわからないと思いますが、演習を通して、理解していきましょう。大切なことは日常生活にて使えるようになることです。

　ところで、皆さんは、友だちや家族に学校やアルバイト、サークル活動での出来事をあ

れこれと話して、「それで要するに何が言いたいの？」なんて問われてしまったという経験はありませんか。聞いてもらいたいことがたくさんあり、それらを共有し共感してもらいたかったものと思いますが、そうなるどころか、「よくわからない」なんていわれてしまったというケースです。

　こうしたギャップはどうして生じてしまうのでしょうか。結論からいうと、聞き手の**「構え」**にポイントがあります。当然ながら、話し手はわかっていることを話すわけです。しかし、聞き手は未知の情報を受けとるわけです。ですから、聞き手としては、まず話すテーマや内容、目的等を知りたいわけです。こうしたことが予めわかれば、聞き手としての構えも違ってきます。単に聞いてもらいたいだけなのか、あるいはアドバイスを求められているかによって、聞き方も随分と違ってきます。論理的な説明のポイントについては、次節で詳しく学びますが、論理的な説明にあたっては話すテーマや目的を最初に伝えることが重要だということを覚えておいてください。

　ペアになり演習してみましょう。いきなりテーマや目的を伝えないまま話しても、聞き手からは期待通りの理解や共感は得られないものです。

　話し手は次のような手順で説明してください。まずは下記に説明することをメモしてください。また、聞き手は話し手が話しやすいよう、笑顔でのアイコンタクトと頷きをお願いします。①、②を続けておこなったら、役割を交代してください。

【演習1：話し方の違いによる相手への影響（ペア）】

①いきなり具体的な内容から話す（最近の楽しかった出来事） 「ねえ、先日のことなんだけど…」（1分程度）
②テーマと目的を伝えたうえで具体的に話す（最近の楽しかった出来事） 「先日、友だちと見た映画の感動を共有したいんだけど…」（1分程度）

　さて、聞き手として①、②を比べたとき、どちらの話し方がわかりやすかったでしょうか。おそらく②の話し方のほうがわかりやすかったと思います。

　②では、テーマ（映画）と目的（感動の共有）が冒頭で述べられています。最初にひとこと、こうした説明があれば、聞き手は聞く構えができます。論理的な説明を求められたとき、まずは相手にテーマや目的を伝えていくことが重要になってきます。

2 ▶ 論理的に意見を述べる

　まずは論理的な説明法を押さえておきましょう。説明の際、冒頭で目的を伝えることの
ほか、次のようなことがポイントになっていきます。いずれも、「×」「〇」として、不適
切な例と適切な例をあげていますので、双方を読み比べてみてください。

〈論理的に説明する際のポイント〉

	ポイント	正誤	具体例
1	**必要に応じて具体例を示す** 論理が難しい、イメージしにくいなどのケースでは、解説などに加え、具体例を示す	×	16世紀から17世紀にかけて活躍したイギリスの哲学者、フランシス・ベーコンは、人間には4つのイドラ（思い込み）があるとした。そのうちの1つに「劇場のイドラ」があり、人間には権威による思い込みがあると説いている。
		〇	16世紀から17世紀にかけて活躍したイギリスの哲学者、フランシス・ベーコンは、人間には4つのイドラ（思い込み）があるとした。そのうちの1つに「劇場のイドラ」があり、人間には権威による思い込みがあると説いている。<u>たとえば、テレビや新聞にも出ている有名な人の言っていることだから間違いないだろうと鵜呑みにしてしまうようなことを指している。</u>
2	**一貫性がある** 最後まで一貫した主張が貫かれている（脱線していない）	×	わたしたちの暮らしはゴミとの戦いでもある。肉や魚が入れられているプラスチックのトレー、お菓子などの空き箱、食べ残しだって食品ロスとして深刻な問題である。<u>しかし、観光地に行けば、ゴミなどはまったく落ちていない。清掃も行き届いている。また、地球にやさしい電気自動車なども増えている。しかし、まだ無駄も多い。使い捨て、小分けは利便性も高く、豊かな社会の象徴かもしれない。</u>
		〇	わたしたちの暮らしはゴミとの戦いでもある。肉や魚が入れられているプラスチックのトレー、お菓子などの空き箱、食べ残しだって食品ロスとして深刻な問題である。しかし、その一方でレジ袋を有料にしたり、リサイクル用の回収ボックスなども随分と普及したりと、ゴミを減らす活動は進んでいる。しかし、次世代にクリーンな地球を残していくためにも、生活のあり方そのものを見直していかなければならないであろう。
3	**結論を簡潔に示す** 何が言いたいのかを冒頭で簡潔に伝える	×	子どもが外で遊ばなくなった。オンラインゲーム、スマホなどは、確かに直接会わなくても、誰かとつながることは可能である。しかし、ゲームやスマホは、視力にも悪影響だ。また、運動神経、反射神経などを鍛える機会も喪失してしまう。
		〇	<u>子どもはもっと外で元気よく遊ぶべきである。</u>おにごっこ、缶けりなどは、逃げたり、隠れたりの連続で、体力も鍛えられる。また、友だちどうしのコミュニケーションも活発になる。
4	**論理の飛躍がない** 内容の筋道が通っており、論理的飛躍がない	×	彼女は学生時代、成績優秀、スポーツ万能だった。<u>したがって、希望していた芸能界でも活躍することは間違いないといえる。</u>
		〇	彼女は学生時代、成績優秀、スポーツ万能だった。卒業後、希望していたのは芸能界入りである。そのため、歌、ダンスなど、レッスンを重ねデビューをめざしている。
5	**曖昧な（多義的な）表現を抑える** 曖昧な表現を減らし、できるだけ定量的に伝える	×	我が社はさらなる飛躍のため、新たな仕組みを構築し、これまでにない成長を遂げていきたいと思います。そのため、皆さんには、<u>かなり頑張ってもらわなければなりません。</u>
		〇	我が社はさらなる飛躍のため、新商品開発に重点をおきます。そして、年5％の成長を続け、さらなる飛躍を目指します。そのため、皆さんには、<u>8％の業務生産性向上</u>をお願いします。

そのほか、覚えておいてほしいことがあります。

自分の伝えたいこと≠（ノットイコール）相手の知りたいこと

一般的に話し手はたくさんの情報を相手に伝えようとしがちです。しかし、**自分の伝えたいことと相手の知りたいことが常に一致しているとは限りません。**相手にとってはあまり興味・関心のない内容という場合もあるでしょう。会話で大切なことは、相手の理解、共感・賛同、納得などです。相手の興味・関心を探りつつ、会話の目的を踏まえることが重要です。

授業中、まだ十分に内容が整理されていないのに、いきなり先生から指名されてしまい、「だらだらと意味不明な発言をしてしまった」なんて経験はありませんか。「伝えたいことがあるけれども、その根拠が十分に練れていない」「そもそも結論がまだ決まっていない」といった状況のままで話し始めると、結局何が言いたいのかを正しく伝えることは難しいです。それでは、論理的に表現するとは、どういうことなのでしょうか。

自分がもっとも気に入っているもの、推しのアーティスト、好きな場所、食べ物など、何でも構いません。次の要領で話を組み立ててください。組み立てられたら、数人で1チームとなり、ひとり1分程度で、紹介しあってください。

なお、このような1分程度の紹介であっても、組み立てや構成を考えて時間を使うことが大切です。この度の演習であれば、次のような構成が考えられます。

　0～15秒：気に入っているものの商品名、サービス、場所の紹介
　16～30秒：その理由説明
　31～45秒：その理由説明
　46～60秒：お勧めのひとこと

このように1分を15秒単位で4分割し、最初の15秒で商品名等の紹介、次の30秒を使って具体的な理由説明、そして最後はお勧めのことばで締めくくるといった組み立てです。まず予め全体の構成を考えることも、論理的に意見を述べる重要な秘訣です。

【演習2：自分が気に入っているものを紹介する（個人⇒グループ）】

冒頭「○○は最高です」（例：「焼肉は最高です！」）

その理由

さて、チーム内で、もっとも説得力のあったのは、誰でしょうか。そしてその理由も話し合ってみましょう。

もっとも説得力のあった人

その理由

「とてもリアルだった」「聞いているだけで楽しくなってきた」などの感想も寄せられたのではないでしょうか。

それでは、論理的な表現とは、具体的にどのようなものなのでしょうか。ここでは、次のように理解してください。

・結論とともに、確かな根拠・理由が添えられている ・話の筋道が通っている（脱線していない）

つまり、意見を述べるには、「意見（主張）＋根拠（理由）」と「正しい筋道」が求められます。こうしたことは、授業・ゼミでの発表、レポート・小論文の作成ばかりか、卒業後の仕事でも求められます。たとえば、皆さんがアルバイトで、お客さまに洋服の提案をするというシーンを想像してください。お客さまは、その洋服の着心地、機能性など、提案する理由を知りたいのではないでしょうか。こうした論理的な表現に慣れておくことは、将来のさまざまな仕事の場面でも役立つものです。

③ ▶ マトリクス表を使って説明上手になる

それでは、論理的に伝えられる人になるためには、どのような工夫が必要なのでしょうか。ただ自分の言いたいことだけを主張する人、感情的に訴えてくる人などは、論理的な人とは言えません。どのようなときでも、誰に対しても相手に理解してもらうことを最優

先に考えていかなければなりません。その際に大切なことは、話す前の組み立てです。

　まずは次の文章を読んでください。インターンシップに参加した学生が社員から、長所・短所を尋ねられたときの回答です。

　わたしには状況対応力があります。先日もアルバイト先の店長に、「お客さまへの対応がうまいよ」と褒められました。正直、褒められることがあまりなかったので、嬉しかったですね。「わたしもやればできるんだ、もっと自信をもっていろいろチャレンジしていこう」と思いました。ほかのバイト仲間も店長がわたしのことを評価しているということを聞きつけて、わたしの接客をほかのバイト仲間がよく観察するようになりました。面倒だなあと思いますが、わるい気持ちはしませんでした。こんなことがわたしの長所だと思います。

　褒められてから、わたしは舞いあがってしまいました。だって、いままで褒められたことなんてなかったですから……。勉強もあまり得意なほうではなかったので、先生からもあまり褒められたりはしませんでした。思えば、こうしてすぐに調子に乗ってしまうところがあり、今回も舞いあがって、大好きなブランドの洋服を衝動買いしてしまいました。そのせいで、今月はバイト代が入るまで、厳しいです。親に少し借りようかと思っています。これでまた怒られると思います。思えば、こうしてすぐに舞いあがったり、調子に乗ってしまったりすることが、わたしのわるいところかもしれません。

　さて、皆さんは、この文章に対して、どのような感想を持ちましたか。

【演習3：抱いた感想（個人）】

　一言でいえば、「思いついたまま話している」といったところではないでしょうか。こうした説明が続けば、聞き手はただ聞いているだけで、あまり理解しようという気持ちにはなれそうにもありません。大切なことは、聞き手に「伝わる」ことです。そのためにも、聞き手が理解しやすい伝え方が求められます。そして、そのようなときに役立つのが**マトリクス表**です。いきなり話すのではなく、まず次のような表による整理をおこなったうえで話すとわかりやすく簡潔に伝えることができます。

項目	見出し	具体的内容
長所	状況対応力がある	・アルバイト先でも接客の対応がうまくて店長に褒められた
短所	舞いあがったり、調子に乗ってしまったりするところがある	・悪ふざけをしたり、衝動買いをしたりしてしまった

　それでは、この例を参考にして、あなたの長所・短所を説明してみましょう。まず次の表を完成させ、グループごとに分かれて発表しあってください。

【演習4：長所・短所の説明（個人⇒グループ）】

項目	見出し	具体的内容
長所		
短所		

　整理してから話すことが、どれだけわかりやすさにつながっているかということを理解できたと思います。つまり、話しはじめる前の整理にポイントがあるのです。

図表3-1　マトリクス表を利用したコミュニケーションのメリット

〈話し手〉

伝える内容をテーマごとにマトリクス表に整理しているので、話す際にも脱線せずに簡潔に伝えることができる

〈聞き手〉

テーマごとにマトリクス表で内容が整理されているので、聞く際にも心構えができて理解しやすい

　次は、話の組み立てをおこない、整理してから伝える練習をしましょう。次のいずれかのテーマを選び、表による整理をおこなったうえで、グループ内でひとりずつ話してみましょう。必ず表を完成させたうえで、話し始めてください。

　ポイントは「長所」「短所」といった項目自体を考え出せるかどうかです。たとえば、アルバイトに関する紹介であれば、「時間給」「仕事内容」「職場の雰囲気」などが考えられます。

【演習5：いずれかのテーマを選び伝える練習をする（個人⇒グループ）】

・あなたの大学の特徴を高校生に伝える ・あなたのアルバイト先のことを友だちに紹介する ・あなたのサークルのことを友だちに紹介する

マトリクス表をつくり「項目」「見出し」「具体的内容」をメモする		
項目	見出し	具体的内容

上記マトリクス表をもとに作成した文章

　慣れるまでは、このように話す内容を簡単にメモしてから話すことです。最初は項目や見出しを抽出することが難しいと思います。大学の特徴であれば、項目として「学部での学び」「就職率」「クラブ・サークル活動」などがあげられるでしょうし、サークルであれば「活動内容」「活動頻度」「メンバー数」「雰囲気」などの項目が考えられると思います。つまり、**説明上手と言われる人は、どのようなことを話すか、予め項目を決めている**わけです。項目を決めてから話しますから、何を説明しているのかが聞き手にも伝わりやすいわけです。反対に項目を決めずに思いつきで話しているから、何を話しているか自分でもわからなくなってしまい、結果的に聞き手にも「何を言っているのかよくわからない」と指摘を受けてしまうわけです。**「項目を決めてから話す」**という習慣をつけてください。

4 ▶ 図表を使って問題の解決を容易にする

　第3節では、ロジカルなコミュニケーション手法として、表による項目の整理をおこなったうえで話すということを学びました。ここでは図表を使って問題解決を容易にする方法を学びます。問題解決にあたり、大切なことは、情報・条件、事実関係等の整理です。文章で書かれた書類から、問題の所在を発見することも可能ですが、そうした書類を読み、表などを使って整理することができれば、問題の解決も容易におこなうことができます。

（1）ミッシーとは

　ミッシーとはあらゆるフレームワークに共通のルールとも言えます。正式には、MECE（Mutually Exclusive Collectively Exhaustive）と表記しますが、通常はミッシーなどと呼ばれ、**モレなくダブリなく整理すること**をいいます。そして、そのためのツールとして、ここでは①マトリクス表、②ロジックツリー、③SWOT分析表を学でんいきます。

（2）3つの図表の特徴

①マトリクス表の特徴

　マトリクス（Matrix）とは母体、基盤、行列などと訳されますが、行と列で構成される表のことです。情報等を何らかの区分（項目）を設定し、表にしていくわけです。縦軸・横軸を設け、そこに情報・条件等を当てはめていくことにより、区分ごとにそれらを見ることができ、モレやダブリに気づきやすくなるわけです。

図表3-2　マトリクス表の例（大学での期末試験対策表）

	英語	法学概論	民法	教育原理
目標	S	S	A	A
形式	テスト60分 和訳中心	テスト60分 用語理解	テスト60分 論述	テスト60分 論述
日程	1月25日	2月1日	1月27日	1月30日
持込（可・不可）	不可	不可	可	可
評価の基準 （シラバス）	テスト100%	テスト60% 授業内レポート40%	テスト50% 発表50%	テスト100%
その他	すべて持込不可なので、単語は必ず覚えておくこと	例年不合格が多いらしい	判例の理解が必須	テキストの理解が重要

　マトリクス表は既に第3節の長所・短所の説明のところでも登場しました。表を使って情報・条件を整理することは、問題解決の前提としてとても重要です。マトリクス表を作成すると、とても見通しがつきやすくなります。皆さんもテレビのニュースなどで、事件や問題点が整理されているパネルに書かれた表を見たことがあると思います。こうした表もなく、アナウンサーの説明だけで全体概要を理解することは容易ではないと思います。

　さて、こうしたマトリクス表による整理は就職活動にも生かせます。たとえば、自己分析での活用が考えられます。自己分析では、まずこれまでの学生生活を振り返ることからスタートします。しかし、場当たり的に振り返っても、あまり多くのことを思い出すことはできませんし、直近の記憶、あるいは強く印象に残っていることしか浮かんでこないと思います。

　ルネ・デカルトは、『方法序説』（2022年、講談社）のなかで真理を導く方法として4つの規則を提唱しました。そのなかのひとつに、「分割」という方法があります。難問・複雑な問題であっても、小さく分割・分解すれば取り組みやすくなるというものです。

　いきなり、「学生時代に頑張ったことは何ですか」と問われても、なかなかすぐには答えられません。こうした大きな問いを出されると、ただ考えているだけでは何を答えていいのか、混乱してしまい、とりあえず最近の出来事などを書くことで精一杯になってしまいます。しかし、頭のなかに次のような思考のためのフレームがあれば、考えることも容易になります。このフレームを活用すれば、たとえば、「大学1年生のときにはハワイアンダンスで基本を徹底的に学び、大学2〜3年生ではファミリーレストランでのアルバイトに専念しました」などと説明できます。

学年	学業・研究	実習関連	課外活動	アルバイト
1年生	科目数が多く、期末はいつも徹夜		ハワイアンダンスのサークルで基本を学ぶ	ファミレスでバイトを始める
2年生	ノートを借りてなんとか頑張った	実習録が書けずに苦労した	学園祭出演に向けて、2年生中心に演技	週3回、常連のお客さまができる
3年生	ゼミでの資料作成・発表が大変だったが、考える力とプレゼンスキルが養われた	大学での学びと現場の違いに苦労した		時間帯リーダーとして新人指導も任される

　わたしたちは、新たなことを学び、覚えることと引き換えに、過去のことは忘れてしまいがちです。だからこそ、「モレなく思い出せる方法」を知っていればいいのです。

②ロジックツリーの特徴

　ロジックツリーとは、文字通りツリー上になっていて、下位項目へと展開していきます。階層ごとの関係性などを把握するには最適です。なお、実際にロジックツリーを作成する場合には、図表3-3のように上から下へ展開するものと左から右へ展開するものがあります。

　こうしたロジックツリーは、たとえばチームで1つの仕事を分業するときなどに役立ちます。たとえば複数人で1つのマニュアルを作るときなど、第1階層で大項目（たとえば章立てなど）、第2階層で中項目（たとえば節の構成など）を決めて全員で共有しておけば、モレやダブリにも気づけます。また、普段利用しているパソコンのフォルダ管理などにも有効です。第1階層を科目名、第2階層を配付資料と提出物などと分けて整理

図表 3 – 3　ロジックツリーの例

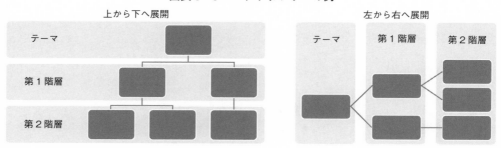

しておけば、必要なファイルをすぐに見つけることもできます。

③ SWOT 分析表の特徴

　現状ではいろいろと問題がありそうなことがわかっているのに、それが漠然としていて見えにくいことがあります。こうしたときに有効なのが、SWOT 分析表です。具体的には次のような 4 つの窓（領域）で表される図表となります。

　ここでの「S」「W」「O」「T」というのは、強み（Strength）、弱み（Weakness）、機会（Opportunity）、脅威（Threat）という 4 つの領域を示すもので、図表 3 – 4 にあるとおり、S と O はプラスの領域、W と T はマイナスの領域になります。

　また、強み・弱みに関しては過去・現在の内部の問題を扱い、機会・脅威に関しては現在・未来の外部の問題を扱っていきます。

強み（Strength） 弱み（Weakness）	自分（内部）の問題であり、過去・現在のこと
機会（Opportunity） 脅威（Threat）	外部の問題であり、現在から未来にかけて起こり得ること

図表 3 – 4　SWOT 分析表

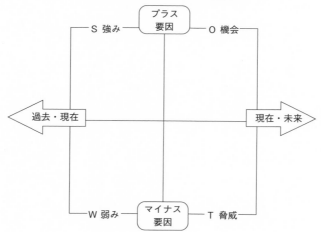

実際にこれを使った SWOT 分析表を示します。

図表 3-5　大手外食チェーンに関する SWOT 分析の例

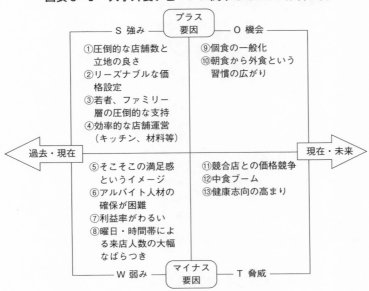

　たとえば、以下のように 4 つの領域の各内容をそれぞれ対比させたり、組み合わせたりして考えることによって、さまざまな気づきや対策を打つことができます。

強み×機会→強みを生かして機会を勝ち取る対策に気づける

強み×脅威→強みを生かして脅威を機会に変える対策に気づける

弱み×機会→弱みを補強して機会をつかむ対策に気づける

弱み×脅威→弱みから最悪のシナリオを避ける対策に気づける

　なお、思考法に関して、お勧めの書籍をご紹介しておきます。

・外山滋比古（1986）『思考の整理学』筑摩書房。

・苅谷剛彦（2002）『知的複眼思考法』講談社。

・齋藤孝（2015）『考え方の教室』岩波書店。

・照屋華子（2018）『ロジカル・シンキング練習帳』東洋経済新報社。

・グロービス（2020）『入社 1 年目から差がつくロジカル・シンキング練習帳』東洋経済新報社。

・グロービス（2021）『入社 1 年目から差がつく問題解決練習帳』東洋経済新報社。

・西岡壱誠（2020）『東大思考』東洋経済新報社。

・チームドラゴン桜（2023）『勉強以前にやっていること』東洋経済新報社。

〈参考文献〉

キャロル・ヴォーダマン著、山崎正浩訳（2016）『スタディスキル図鑑』創元社。

北村弘明・天川勝志・難波阿丹（2018）『ロジカル・シンキング』聖徳大学出版会。

村山昇（2020）『スキルペディア』ディスカヴァー・トゥエンティワン。

Column

関心のあるものから見えてくる！？

　学生の皆さんの振り返りシートを読んでいると、つい吹き出してしまうことがあります。そのくらいユニークな記述があります。ある学生さんの記述に、「先生の靴が大きすぎる」と書いてありました。確かにそれは事実で、バーゲン品でサイズが大きめだったのですが、気に入って購入したものを履いていたのです。そのときに感じたことは、「人って、同じものを見ていても実は映像として脳に映っているものはみんな違うんだ」ということです。ファッションに興味があれば、洋服・靴などがまず映るのでしょう。成績に興味があれば重要事項に関心を寄せるでしょう。つまり、自分が大切にしているものを中心に見ているのではないかということです。これはいいこともありますが、気をつけなければならないこともあると思います。

　たとえば、会社説明会に行ったとしましょう。待遇に興味があればそこだけをよく聞いてくる、ビジネスモデルに興味があれば主たる取引先などをしっかりメモしてくる、こうしたことになるのではないでしょうか。

　わたしたちは、よく見ているようで、実は見落としていることも多いのではないでしょうか。こうしたことを回避するためにも、多角的視点、ロジカル・シンキング（表による整理）などを学んでおいてほしいわけです。

　フランスの小説家サン＝テグジュペリの『星の王子さま』では、「大切なことは、目には見えない」なんてメッセージがありましたね。皆さんを育ててくれた保護者の愛情、友だちの気遣いなど、実は見えないものだらけなのです。

学びとキャリアを考えるための技を身につける②

クリティカル・シンキングを習得するには

　クリティカル・シンキングとは、ロジカル・シンキングで得られた結果を、一度立ち止まり、もう一度考え直すための思考法です。たとえ、論理的に正しい解決策であっても、それが実態や現実社会では適切ではないということが生じることがあります。「論理的に正しい」といっても、それで問題解決というわけにはいきません。論理的に導き出された解決策であっても、莫大な費用と時間を要したり、その案を支持してくれる人がほとんどいないということでは、適切な解決策とはいえません。また、論理的に導き出されたものであっても、重要な条件・前提等を見逃しているということもあり得ます。こうした「ロジカル・シンキングの限界性」を補うのが、クリティカル・シンキングの役割です。

　さて、クリティカル・シンキングによる手法は、仕事の場面でも頻繁に活用することになります。キャリアデザインのテキストでこうした思考法に触れているのは、将来のキャリア形成上、有用性が高いからだということを認識したうえで、本章の学習に進みましょう。

この Chapter の到達目標

- □問題解決等におけるクリティカル・シンキングの役割を理解する。
- □多角的視点を獲得するためのツールを使うことができる。
- □問題解決までの手順を丁寧に進むことができる。

---

1 ▶クリティカル・シンキングの必要性を考えるための演習

　これまでの学生生活のなかで何か問題が発生し打ち出された解決策が、「あまり現実的ではない」「おかしい」などと思った経験を思い出してください。学校やアルバイト、サークル活動など、複数の場面を思い浮かべてください。たとえば、これだけ物価高なのにサークルの会員数が減っているので会費を2倍に値上げした、アルバイト先で売上が落ち込んでいるのでホールスタッフの人数を3分の1に減らしたなどです。

【演習1：これまでの経験を振り返る（個人）】

打ち出された解決策が現実的ではないと感じた経験

　ある飲食店で、常連のお客さまから、「このお店は味はいいんだから、あと少し安くすればもっとお客が来るよ」といわれ、全品3割引で再スタートを切ったお店があったとしましょう。幸いにも口コミにより、お客さまが増え、オーナーも喜んでいました。しかし、月末になり収支を計算したら、ほとんど利益が出ていないということがわかったのです。つまり、値引きをしすぎて、売上額より材料などの仕入原価や光熱費、家賃などの合計費用のほうが上回ってしまったのです。

　お客さまからの声を受け止めるということは、論理的には正しいことであっても、現実的には不適切ということがあります。また、新規のお客さまが増えたとしても、今度は常連のお客さまが混雑で入店できず結果的にお客さまを減らす、お客さまで満員の状態を想像できず、料理の提供に時間がかかり、お客さまのリピート率がわるくなるといったことも考えられます。このような見逃していたことを補うのが、**クリティカル・シンキングの役割です。クリティカル・シンキングは、ロジカル・シンキングで得られた結果を、一度立ち止まり、その確からしさを疑い、もう一度考え直すための思考法です。**

　クリティカル・シンキングでは、次の2つの前提を大切にしています。

---

①目指すものを具体的かつ、明確に定義する
②解決すべき問題・課題を明確にする

　いずれも当たり前だと思われるかもしれませんが、何かを解決する当事者になると、焦ったり、直面している問題やトラブルに翻弄されてしまい、「いったい何が問題だったのか」「何を解決すればいいのか」といったことを見失いがちです。その意味からも、クリティカル・シンキングによる思考法は重要です。

　どれだけ、論理的であっても、それですべての事態が解決できるとは限りません。ロジカル・シンキングで一度論理的な解決策を導き、クリティカル・シンキングによって、よ

図表3-1　ロジカル・シンキング、クリティカル・シンキングの考え方と役割

ロジカル・シンキング
信用できるデータに基づき、分析・評価をおこない、その結果から、推論、仮説（解決策）を導く。
簡潔にいえば、表による情報・条件等の整理-何か基準や軸を設定し、整理、考察、説明できる。頭のなかのもやもやとしたことを、書き出し見通しやすくする。

 より最適な問題解決、より現実的な解決かを再度、検証する

クリティカル・シンキング
ロジカル・シンキングで得られた仮説をさらに広い視点から疑い、条件、立場、時代背景など、総合的な考察を行って、より客観的で現実的な解決策を考える。
簡潔にいえば、角度を変えてみる。論理を大切にしつつも、一度立ち止まり、最適解を探す。

Chapter4 学びとキャリアを考えるための技を身につける② 45

り現実的な解決策に近づけていくわけです。**ロジカル・シンキングで論理的な思考の整理、クリティカル・シンキングは論理の実現可能性を検証する**といった役割分担になっているわけです。

2 ▶ズームイン・ズームアウトによる問題・課題の発見

いままでに見えていなかった問題・課題を発見するためのツールとして、ズームインとズームアウトという思考法があります。実際に起こっていることにできるだけ近づいて観察する方法（**ズームイン**）と、現場・現実からある程度距離をおき、高い視点で広く捉える方法（**ズームアウト**）の双方の視点を持ち、見落としを防いだり、いままで見えてこなかったものを発見したりするものです。大切なことは、ひとつの問題・課題に対し、双方の視点を持つことです。

ズームイン （虫の目）	問題・課題にできるだけ近づき、それをできるだけ細かく分解し、真の問題・課題に迫っていく
ズームアウト （鳥の目）	今度は、いったん問題・課題から距離をおき観察する。思考や発想の枠が広がり、新たなアイデアが生まれやすい

わたしたちは問題・課題を考えるほど、視点はどうしてもズームインになりがちです。当事者であればその問題・課題を解決しようと必死ですから、それは仕方のないことです。大学でも出題された問題を解いているときなどは、特に正解を求め集中しているからこそ、ズームインになりがちです。しかし、それでは大局的な視点が失われてしまいます。こうしたことを調整してくれるのがズームアウトです。ズームインは昆虫のように近くに迫って観察するため「虫の目」、ズームアウトは鳥が空から全体を観察する様子をたとえ「鳥の目」などともいわれます。

次のようなズームインの状態のとき、どのようにすればズームアウトの視点を獲得できますか。

【演習2：ズームアウトの視点獲得（個人）】

	ズームインの状態	ズームアウトになるには？
①	専門書を読んでいると、読み進めるほど、何をいっているのか、よくわからなくなってしまった	
②	授業を聞いていても、難しくてよくわからない	

たとえば、①については、「目次」と「はじめに」の部分に着眼してください。目次を

見ると、全体のなかでの位置づけがわかります。また、「はじめに」の部分には著者がその書籍を執筆された動機、目的などが書かれていますから、理解のヒントになることがあります。また、②についてはシラバスがヒントになります。一般的にシラバスには各回での学習内容などが記載されています。また、その授業の目的、目標なども記載されていますから、まずはシラバスを丁寧に読むことです。

　さて、次はあなた自身のことを考えてもらいます。あなたの時間の使い方に関する改善課題を考えてもらいます。まずは自分と向き合い、振り返り、できるだけ多くの課題をあげてみましょう（ズームインの視点）。続いて、時間を上手に使いこなしていると思われる友だち、アルバイト先のスタッフなどを思い出し考えてみましょう（ズームアウトの視点）。

【演習3：時間の使い方に関する自己課題の抽出（個人）】

自分と向き合い浮かんできた時間の使い方に関する自己課題

時間の使い方が上手な人の具体例

　すぐにズームインで解決策が出てくればいいのですが、それが難しい場合にはやはりズームアウトの視点が求められます。しかし、いきなりズームアウトの視点を持ち出しても、解決策をすべてあげることはできません。**「ズームインで行き詰ったら、ズームアウトで考える」**と覚えておくとよいでしょう。

　ここでもうひとつ、覚えておいてほしいことがあります。それは、**「分割・分解」**です。自分と向き合うといっても、これまでの人生のどこから向き合っていいのかなど、悩んでしまうと思います。たとえば、「小学校 / 中学校 / 高等学校」などの学校区分で振り返る、「学習 / 部活動 / 家庭」などのシーンで振り返るというアプローチがあります。大きなテーマに向き合うとき、このように分けてみると、取り組みやすくなります。なお、こうした「分割・分解」は、すでにChapter 3第4節でも学習しました。表を使った整理ができるようになると、モノゴトの見通しがよくなりますから、普段の学習でも活用し定着させてください。

　ロジカル・シンキングの限界性を認識し、一度立ち止まって、その確からしさをチェックしたり、仮説を疑ったりすることを習慣化できると、どのような状況でも冷静に対処する余裕も生まれます。

　「クリティカル（critical）」というと、批判する、批難するなどの日本語訳が出てきますから、何かマイナスの印象を持たれるかもしれませんが、クリティカル・シンキングと

は決してそうした思考法ではありません。あくまで立ち止まり、冷静になってロジカル・シンキングでのアウトプットを補完するものなのです。

　こうした思考ができれば、専門家や著名な人が言っているから正しいなどと、肩書や知名度、他人の評価などで判断してしまうといったことはないでしょう。こうした評判を鵜呑みにすることなく、自分で考えることこそ、クリティカル・シンキングとして大切なことです。

③ ▶考えるためのツールを使う

　「考える」という行為は、自分の持っている知識や情報について疑問を持ったり、教員の主張やアルバイト先の店長の指示などに「なんでだろう？」「どうしてそのように考えるのだろう？」などと疑問を感じることからスタートします。そして、知識、情報、条件、主張、指示などを整理・分析しながら、自分の考えを広げたり、まとめたりすることで、自分の考えもより明らかになっていきます。

　「考える」という行為は、その思考目的により、およそ次の３種類に区分できます。次の表は、思考場面に応じた目的と思考ツールを示したものです。「考える」というとき、次のような場面を明らかにしながら、最適なツールを活用するとよいでしょう。

思考法（思考場面）	目的	思考のツール
考えを広げる	知識や情報を共有し合い、新しいアイデアを生み出す	・ブレーンストーミング（Chapter 5） ・マッピング(1)
考えをまとめる	知識や情報を整理し、その特徴を捉えながら方向性をまとめていく	・表・グラフ ・ロジックツリー（Chapter 3）
考えを見直す	知識や情報、意見を比較し、共通点、相違点を見つける	・マトリクス表（Chapter 3） ・SWOT 分析表（Chapter 3）

　皆さんが考えていることは、お互いに見えません。そして、頭のなかにあるだけですと曖昧な状態です。こうしたときに役立つのが思考のツールなのです。マトリクス表などを使って書き出すことにより、問題・課題も明確になり、見通しがつきやすくなります。こうして**「見える化」**することが、問題・課題解決には有効です。

　ところで、皆さんは、ヘレン・ケラーの『わたしの生涯』を読んだことはありますか。文庫本になっていますが、500ページほどありますから、手にとるにはちょっと覚悟がいるかもしれません。盲ろう者のヘレン・ケラーにサリバン先生がことばを教える様子があります。ビーズに糸を通す練習をしながら、サリバン先生がヘレン・ケラーの額に手を当てて、「think」（考える）と指話されています。このときのことをヘレン・ケラーは、「稲妻のように、わたしはこの言葉がいまの自分の頭の中に起こっている働きの名であること

---

(1)マッピングとは、ある情報と別の情報を関連づけることですが、思考の全体像を確認するときに有効です。

を悟りました」[2]と振り返っています。こうした抽象的概念を理解する難しさを示しています。われわれにとっても、「考える」ということばは、人によって受け止め方が違ったり、多義的であるように思います。こうしたことからも、「考える」とは、具体的にどのようなことを求められているかを先の表などを参考にしながら理解していってください。

④ ▶問題発見・解決にチャレンジする

　それでは、問題発見・解決に関する演習をおこなっていきます。次のケースを読み、まず個人ですべて解答してください。そのうえで、その解答をチームで共有しあい、自分が気づかなかったことを整理してみてください。

【演習4：問題発見・解決力を試す（個人⇒グループ）】

> 　新宿駅まで私鉄で60分程度、東京近郊の住宅地にあるフレンチレストランでの話である。ここに店を構えて30年になるが、開店当時は予約のとれない店として繁盛していた。当初は、土日は若いサラリーマン夫婦、30代前半のファミリー、平日でもおしゃれな若いカップルでにぎわっていた。1人当たりの平均客単価は、6,000円程とちょっと高めだが、40席はいつも満席状態であった。
>
> 　しかし、この2、3年、客足が急に途絶え、売上も繁盛していたときのおよそ7割減と、深刻な状況が続いている。そのため、この店のオーナーシェフは、店をたたむべきか、あるいはもっとカジュアルなお店で安いものを提供すべきかなど、悩んでいる。シェフはできるだけ地元の人にいいものをと考え、当初から食材もホンモノにこだわっている。野菜は有機野菜、魚介類は複数の漁師と直接契約し、その日にとれたものを空輸してもらっている。もちろん、お肉もある牧場と契約している。店内は30年前のままなので、はじめて訪れるお客さまには少しレトロな印象を与える。シェフは高校卒業と同時に、フランスに行き10年間、修行を積み、前菜からデザートまで、味と品質には妥協なしで頑張ってきた。

　このケースから把握した事実を箇条書きにしてみましょう。

把握した事実（箇条書き）
例）・開店当初は予約がとれないほどの繁盛フレンチレストランだった

---

(2)ヘレン・ケラー著、岩橋武夫訳（1966）『わたしの生涯』KADOKAWA、P.38。

　次に、「把握した事実」のなかから、売上低迷の原因となっていることを考えてみましょう。

売上低迷の最大の原因

　売上低迷の原因として、「値段が高い」「時代にマッチしていない」などの答えがあげられたのではないでしょうか。もちろん、この範囲ではそれが正解です。では値段を安くすれば、いままでどおり、お客さんは増えていくでしょうか。

　この文章だけを読む限りは、このレストランの売上低迷の原因は、「値段が高い」ということになります。では、このオーナーシェフに、「値段を下げればお客さんはいままでどおり来てくれますよ」とアドバイスできるでしょうか。

　ここからが、もっと広い視野や洞察力などが必要となる部分です。まさにクリティカル・シンキングが必要な場面です。与えられた問いに答えるだけでは不十分なのです。表面には直接現れていない見えざる問題、隠れた問題を見つけていかなければなりません。

　次のキーワードをヒントにして、隠れた問題を見つけ出し、売上低迷の原因を箇条書きにしてみましょう。

キーワード	売上を低迷させていると考えられる諸原因
店を構えて30年	例）・景気低迷による所得の伸び悩み

　単純に値段が高いだけではなく、客が減っている原因が他にもあるらしいことにも気づけましたか。こうした見えざる問題を見つけるためには、文章を正確かつ丁寧に読み、その裏側の事情を読み解くことが必要です。

　ここでは、「30年前」と「現在」とを比較し、時代背景の相違点を考えるということも必要になるでしょう。このようなことに気づける学びが大学では必要になります。そのために、新聞を読んだり、ニュースを聞いたりして、さまざまな情報や現代社会の動向を知っておくことも大切です。

　これまでの学びでは、与えられた問題を解くことはあっても、問題自体を見つけるということはあまりなかったかもしれません。しかし、これからは、考え得る問題、特に背後に隠れた「見えざる問題」に気づく力が問われます。

5 ▶ SMART による目標設定

(1)目標設定の本意を正しく自覚する

　たとえば、将来アナウンサーになりたいと思っている友だちがいたとしましょう。あなたはその友だちのことが不思議で仕方ありませんでした。彼女は話すことも好きではないし、滑舌もそれほどよくはないからです。それでも彼女は専門学校に通い、毎日発声練習などに励んでいました。それを見て、「どうして好きでもないことに、こんなに打ち込めるんだろう」と不思議で仕方ありませんでした。

　そんなとき、彼女は本音をこぼしたのです。「有名になるだけなら、もっと他にラクな方法はないかしら。練習も辛くなってきた……」と。

　つまり、彼女は有名になるということが真に目指していることであって、アナウンサーになりたいということは、その手段に過ぎなかったのです。

　こんなことを避けるためにも、**「目標設定の本意」**を自覚する必要があります。もし、彼女が正しく目標設定の本意を理解していれば、歌手以外にも選択肢があったでしょう。こうして目標設定の本意を疑ってみるという、クリティカル・シンキングによる思考が重要です。

〈目標と目標設定の本意の関係〉

内容	例
目標（具体的に目指すもの）	アナウンサーになる
目標設定の本意（なぜその目標を目指すのか）	有名になって注目されたい

　その友だちが、アナウンサーになりたいほんとうの理由は、有名になって注目されたいからであると、目標設定の本意を正しく押さえておけば、他にも YouTuber になるなどといった選択肢も考えられ、選択の幅を広げることができます。

　目標と目標設定の本意が一致していれば、目標に向かっての努力も無駄にはなりません。しかし、目標と目標設定の本意が一致していないと、目標への努力も無駄になるばかりか、他の目標を再設定しなければならないことがあります。設定した目標が自分にとって適切なのか、目標設定の本意を自覚し、確認することが重要です。

(2)「目標」を正確に定義する

　しばしば、「グローバル化」「グローバル人材の育成」などといったことがニュースでも報道されています。では皆さんが、「グローバルに通用する人材になってください」といわれたら、「具体的に」どのようなことをしますか。

　きっと、「まず英語をマスターしよう」と考える人もいれば、「まず日本語をしっかり学び日本文化を外国人に伝えられるようにしよう」と考える人もいるでしょう。

　つまり、「グローバルに通用する人材を目指す」ということばは、これくらい人により、理解も異なり、目標を表現することばとしては曖昧な表現なのです。

　こうした目標を皆さんがほんとうに目指すならば、より「具体的な表現」に変換していく必要があります。

　そのためには、次の2つの問いに答える必要があります。

---

①グローバルに通用する人材とはどういう人なのか（内容の具体性）

②いつまでにそれを達成すればいいのか（期限）

　この2つの問いに答えていかなければなりません。そして、それは自分で決めていかなければならないのです。

　たとえば、TOEICで800点をとり将来は海外勤務をしたい人もいれば、まずはグローバル化の影響で外国人が増えることを想定して、日常の英会話ができるようにしたいという人もいます。どちらの目標の価値が高いなどといったことではありません。一人ひとりが自分の目標を設定していいのです。この場合であれば、自分の将来キャリアなども踏まえ、目指すものとその期限を具体的に決めていけばいいのです。そのときに大切なことは、目指すべきものが何のためかという目的を意識することです。無目的に何かを目指しても意欲も高まりません。

（3）SMART を使う

　目指すべきものをより具体的にイメージするためのツールとして、SMARTという方法があります。SMARTとは、目指すべきものを決めて、具体的に行動に移すときに、気をつけるべきポイントを5項目にまとめたものです。

　SMARTとは、S（Specific）、M（Measurable）、A（Achievable）、R（Relevant）、T（Time-bound）の英単語の頭文字をとったものです。

〈SMART により、設定した目標をチェックする〉

項目	上段：具体的内容／下段：事例（訂正前・訂正後）
S（Specific）	やるべきことが具体的になっているか
	・ピアノが弾けるようになる ・バイエル15番まで弾けるようになる
M（Measurable）	達成できたかどうかを実際に測定できるか
	・バイエル15番が弾ける ・バイエル15番を1度も間違えることなく弾ける
A（Achievable）	やるべきことが達成可能な行動レベルに落とし込めるか
	・毎日、ピアノのレッスンに励む ・毎日、3回、バイエル15番のレッスンをおこなう
R（Relevant）	目標設定の本意を自覚しているか（目標と目標設定の本意との関連性）
	・有名人になりたいので、ピアノのレッスンに励む ・将来、幼稚園の先生として、情操教育を大切にしていきたいので、ピアノのレッスンに励む

T（Time-bound）	期限が明確に定まっているか
	・今度の演奏会に間に合うように練習する ・20××年12月の演奏会までに間に合うように練習する

① S（Specific）…やるべきことが明確になっている

やるべきことが明確にならないと、行動には移せません。

できるだけ具体的に表現することが求められます。「ピアノの練習を頑張る」「キーボードのミスタッチをしないように意識する」などでは、多様な解釈ができてしまいます。大切なことは、誰が聞いても目標の内容が一致する状態にまで、具体化することです。目標を設定する際、「意識する」「心がける」などといったことばを使うと、やるべきことを明確にできません。

② M（Measurable）…達成できたかどうかを実際に測定できる

たとえば、「デザートの盛り付けをもっときれいにできるように頑張る」「その日のうちに復習をすることを心がける」などといった表現では、できたかどうかを判断することはできません。自分でも、そして第3者でも、達成できたかどうかを測定・評価できる表現でなければなりません。

③ A（Achievable）…やるべきことが達成可能な行動レベルに落とし込める

やるべきことが明確にならないと、行動には移せません。この部分は目指すものを決めるとき、きわめて重要な項目です。「その日のうちに復習することを心がける」では、具体的に、何を、どの程度実施するかがわからず、具体的な行動には移せません。たとえば、「その日に学んだ科目について、その日のうちに、各科目1時間、夜21：00から復習する」とすれば、行動に移せます。つまり、やるべきことを手帳に書き込んで行動できるレベルへの落とし込みが求められるわけです。その日の履修が3科目であれば、深夜0：00までが復習の時間と明確になり、計画も立てやすくなります。

④ R（Relevant）…目標設定の本意を自覚している（目標と目標設定の本意との関連性）

具体的な目標を設定する際、もっとも大切なポイントです。一言でいえば、何のためにおこなうのかということです。何かに夢中になると、目的や意義を見失ってしまうことがあります。何かの資格取得の勉強をしていて、「なんでこの勉強をしているんだろう？」なんて疑問をもったという経験はありませんか。「皆が勉強しているから自分も勉強を始めた」「なんとなく将来の自分にも必要だと思って始めた」など、周囲に流されてしまうこともあります。しかし、これでは継続のモチベーションも高まりません。目指すものを決めるとき、その先のありたい姿やその先にある大きな目標を設定することも大切です。「将来、海外で活躍したいので、就職試験に向けてTOEIC800点を目指す」という大きな目標があれば、モチベーションも高まり、達成の確率は高まります。

⑤ T（Time-bound）…期限が明確に定まっている

いつまでに達成すればよいのかという期限を設定することです。「期限のない仕事はな

い」なんていわれることがありますが、期限を決めないと、なかなか具体的な行動には移せません。そして、数年先の大きな達成目標であれば、単年度ごとの目標をさらに設定するなどして、期限を具体化していきます。

　次はあなた自身の目標設定です。学生生活のなかで、目標を設定し、それをさらにSMARTを使って整理してみましょう。SMARTを利用するとき、必ずしもすべての項目を使う必要はありません。たとえば、何か資格取得をしたいとします。そして、まだ本意が定まっていないが、漠然と資格を取得したいなどということもあると思います。そのような場合には「S」「A」「T」を決めて、取り組めばよいのです。

【演習5：学生生活での目標設定（個人）】

目標	

項目	具体的内容
S（Specific）	
M（Measurable）	
A（Achievable）	
R（Relevant）	
T（Time-bound）	

　ここまでできたら次は実行です。そのときに大切なことは、**「決める」**ということです。手帳などを使って、上記で決めたことを記入し、実施していくことです。時間をブロックして、やりきるという意思も大切になってきます。そして、確認してほしいことは、**目標と目標設定のための本意がかみ合っている**ことです。記入後、確認してみましょう。

〈参考文献〉
北村弘明・天川勝志・難波阿丹（2021）『ロジカル・シンキング』聖徳大学出版会。

Column

見方を変えれば…

　皆さんは『新明解国語辞典』（三省堂）をご存じですか。普通はことばの意味を調べるときに利用するものですが、読み物としても魅力があります。まさに考え抜いた秀逸な解説がついています。

　たとえば、「動物園」についてです。

　一般的な辞書には、「世界各地から集めた種々の動物を飼育し、調査や保護、教育、娯楽などを目的に広く一般に見せる施設」などと説明されています。

　しかし、『新明解国語辞典』はさすがです。現在は第8版が最新版ですが、第4版では「公衆に生態を見せ、かたわら保護を加えるためと称し、捕らえてきた多くの鳥獣・魚虫などに対し、狭い空間での生活を余儀無くし、飼い殺しにする、人間中心の施設」とあります。最新の第8版では「捕らえてきた動物を、人工的環境と規則的な給餌とにより野生から遊離し、動く標本として都人士に見せる、啓蒙を兼ねた娯楽施設」と説明されています。

　確かに動物さんたちの立場から考えたら、『新明解国語辞典』が支持されるべきですね。時々、辞書を読むと、こうした新たな発見があります。

グループ討議の手法を学ぶ

対話を通してチームで成果をあげるには

　Chapter 2 から Chapter 5 までは、学びの基盤をつくる部分です。そのなかでもこの Chapter はチームでの成果創出を目指すものです。ひとりで自問自答することも大切ですが、今後はお互いの知恵を出しあい成果をあげることも求められます。探究活動でのグループ討議、卒業後の仕事での会議やミーティングなどでは、一人ひとりの知恵を集め、高い成果を出していかなければなりません。つまり、「1人＋1人＝3人以上」となるような討議が期待されているわけです。討議が苦手な人も多いと思いますが、それぞれの専門分野の人が集まって対策を考えたり、営業・製造部門の人が集まって新商品開発の検討をしたりと、討議は避けられないものです。

　さて、「グループ討議」と聞いて、皆さんはどのようなことを思い浮かべますか。中学校・高等学校での委員会の活動内容に関する話し合い、クラスでの文化祭イベントの決定など、これまでにも話し合いの機会は度々あったと思います。大学での学びのなかでも、グループ討議の機会は確実に増えてきています。教員からの一方的な講義よりも、参加型で体験を伴った内容のほうが学習効果も高いといわれているからです。

　リーダー、発表者など、それぞれの役割を担いながら、チームとして高い成果をあげる討議の手法を学び、ゼミなどのほか、クラブ、部・サークル活動などでも、その学びを生かしていきましょう。

この Chapter の到達目標

□成果のあがるグループ討議の手法・手順を理解している。

□メンバーと合意形成しながら、チームとしての主張とその根拠を簡潔に発表することができる。

□学びを生かし、グループ討議において、チームに貢献する自分の役割を果たすことができる。

1 ▶グループ討議の手法を学ぶ意義を考えるための演習

　まずは中学校、高等学校時代の話し合いを振り返ってみましょう。印象に残っているクラスやクラブ活動での話し合いを思い出しながら、できるだけ具体的に記入してください。

【演習1：これまでの話し合いを振り返る（個人）】

話し合いの雰囲気	
話し合いの成果	
あなたの自己課題	

　いかがですか。雰囲気としては「あまり盛りあがらなかった」「一部の人だけが熱心に取り組んでいた」、成果としては「時間が足りなくて中途半端になってしまった」、自己課題としては「あまり意見を言わずに他人任せになっていた」などといった記述もあったのではないでしょうか。そして、何よりも話し合いには「面倒くさい」という印象を持っている方も少なくないと思います。

　しかし、グループ、委員会などにおいて何かを決めるとき、メンバー全員が同じ意見なんてことはあまりありません。したがって、必ず話し合いが必要です。話し合いのプロセスでは、お互いに譲らず議論が紛糾したり、話し合いにより何か仕事が増えたりと、必ずしも楽しいことばかりではありません。それでも、ひとりの思考には限界があります。また、話し合いをせず、権限を有する人が独断で重要事項を決定するようになれば、むしろチームや組織にも腐敗を招きかねません。また、参加しているメンバーのモチベーションも高まることはないでしょう。こうしたことを避けるためにも、討議のルールを学び、チームとして高い成果をあげられる話し合いの手法を身につけていきましょう。

　さて、あなたの周りでおこなわれている話し合いを、気づく限りあげてみてください。サークル活動での年間計画、ゼミでの討論など、どんなものでも話し合いがおこなわれているものをすべて書き出してみてください。

【演習2：あなたの周りでおこなわれている話し合い（個人）】

　これらの話し合いがおこなわれず、特定の誰かひとりが権限を有し、物事を決めていったら、どうなりますか。「自分の意見が反映されていないからつまらない」「とても納得できない決定だ」など、不平・不満が募ることになります。

　教育現場においても、「アクティブ・ラーニング」「主体的・対話的で深い学び」などが求められ、学習者自身が主体的・能動的に他者と関わりを持ちながら、問題解決をはかっ

ていくというスタイルでの学びが広がりつつあります。しかし、正しいグループ討議の
ルールを学んでおかないと、話し合いをしていても、学びから得られる成果は必ずしも満
足のいくものとはなりません。

　授業での実際のグループ討議を観察していると、あまり活発な意見交換ができなかった
り、時間切れで十分な成果が得られなかったりという話し合いも少なくありません。確か
に、合意形成には、時間も手間もかかります。また、時には意見が衝突し、ストレスにな
ることもあるでしょう。それでも、ひとりではどうしても思考も狭くなり、気づけないこ
ともあります。お互いの知見を足し合わせ、大きな成果をあげるためにも、複数メンバー
での話し合いは不可欠です。

　それでは高い成果をあげるためのグループ討議とは、どのようなものなのか。体験を通
して学んでいきましょう。

２ ▶ 自分の意見を述べる

（1）主張とその根拠

　まずは意見を述べる際のルールを学んでいきます。

　「授業、期待通りだった？」「アルバイト、どうだった？」など、友だちどうしでの雑談
であれば、何を、どのように答えても、他人に迷惑をかけることはありません。しかし、
仕事ともなれば、話は違ってきます。もし、あなたが次のような接客を受けたら、どのよ
うに思いますか。

〈家電量販店での接客〉

> 店　　員：「いらっしゃいませ」
> あなた：「大学で使うパソコンを探しているんですが、こちらのA機種とあちらのB機
> 　　　　　種、どちらがいいですかねえ？」
> 店　　員：「そうですね。どちらかといえばB機種です」
> あなた：「どうしてなんですか？」
> 店　　員：「はい、皆さん、B機種をお買い求めだからです」

　これでは、答えになっていません。確かにA機種と比べるとB機種のほうが売れてい
ることは明らかなようですが、だからといって、あなたにとってもB機種が望ましいか
どうかは判断できません。B機種の特長、性能、他機種にはない機能などの説明があって
はじめて購入するかどうかの検討ができるわけです。このように、B機種を勧めるその根
拠を知りたいと思うはずです。

・B機種がお勧めです（主張）

　　↓

・軽量、長時間駆動、頑丈で起動時の立ちあがりも速い（根拠）

　自分の意見を述べたり、グループ討議で主張したりする際には、必ず**根拠**を添えて述べることが求められます。また、主張をするとき、大切なことは、**一貫性**です。筋道が通っていて、脱線していないというこです。

　まとめると、自分が何かを述べるときには、「意見（主張）＋根拠（理由）」と「一貫性」が求められるということです。

　それでは、次のワークに取り組んでみてください。なお、こうした学びは、Chapter 3第2節でも演習をおこないました。グループ討議にてぜひ活用し、実践できるようになってください。

【演習3：意見の述べ方について（ペア）】

　2名ずつペアになり、あなたのお勧めを説明してもらいます。まず、旅行先、飲食店などから1つ、あなたのお勧めを決め（場所、店名など）、それに続く根拠（なぜならば〜）を書いてから、お互いに発表しあってください。

　いかがでしたか。聞き手は根拠が明確でわかりやすかったでしょうし、話し手も「**主張＋根拠**」という流れで、無駄なく簡潔な説明を体験できたと思います。大切なことは**学びの活用**です。まずはこのあと、実際におこなうグループ討議のなかで、学びを活用してみてください。そのためにも、いきなり思いつきで話すのではなく、予め根拠を考えたうえで話し始めることが大切です。

　そのときに、大切なことをもう1つ、お伝えします。それは聞き手の態度として求められる「**傾聴**」です。話し手が一生懸命話し

でね〜
うんうん
それで !?

ているのに、聞き手が下を向いていたり、腕組みをして不愉快そうにしていたりしたら、とても話そうという気持ちにはなれません。話し手がもっと話したくなるような聞き手の意欲を示す必要があります。聞き手は、「**アイコンタクト**」「**頷き**」を意識してください。もちろんメモをとることも大切です。こうした姿勢は授業でも求められることです。アイコンタクト、頷き、そしてノートテイク、こうした習慣を早く身につけてください。皆さんが卒業し、職場で上司・先輩から指示を受ける、あるいは営業担当者としてお客さまの要望をお聞きし、必要に応じてメモをとっていく。傾聴姿勢はこうした将来の仕事にも関わる重要なことです。

（2）結論から伝える習慣をつける

　皆さんは、PREP法をご存じですか。**PREP法**とは、まず結論を話し、その後に理由や事例を示し、最後に再度結論を繰り返す伝え方です。何か意見を求められたり、報告をしたりするときなどには、大変簡潔に伝えられる話法です。具体的には、次のようなものです。

〈PREP法を使って選択したゼミとその理由を説明している例〉

P＝POINT（結論、ポイント）	私は来年、斎藤先生のゼミを受講します。
R＝REASON（理由）	なぜなら、私は公認会計士をめざしており、斎藤先生のゼミは、公認会計士の受験にも役立つと先輩に聞いたからです。
E＝EXAMPLE（事例）	実際に斎藤先生のゼミからは、毎年、数人の公認会計士の合格者を輩出しているそうです。
P＝POINT（結論）	私も来年は、斎藤先生のゼミに入り、公認会計士を目指そうと思っています。

【演習4：PREP法を使ってみよう（個人⇒ペア）】

　これからの学生生活における抱負や夢について、PREP法を使って説明してみましょう。書き終えたら、ペアになり、PREP法が正しく使われているか、実際に説明したうえで相互に確認してみましょう。

P	
R	
E	
P	

　図表5-1は、若者（13歳から29歳の男女）の意識に関する国際調査です。「自分の考えをはっきり相手に伝えることができるか」という質問に対して、「そう思う」と回答した日本の若者は、わずか13.8％です。国際的にも日本の若者の対人コミュニケーション

図表5-1　自分の考えをはっきり相手に伝えることができるか（国際比較）

	そう思う	どちらかといえば そう思う	どちらかといえば そう思わない	そう思わない	そう思う （計）	そう思わない （計）
日本（n=1134）	13.8	32.5	37.3	16.4	46.3	53.7
韓国（n=1064）	36.7	37.7	20.4	5.2	74.4	25.6
アメリカ（n=1063）	42.3	38.4	13.7	5.6	80.7	19.3
イギリス（n=1051）	35.4	43.0	16.3	5.3	78.4	21.6
ドイツ（n=1049）	30.0	46.5	20.3	3.1	76.5	23.5
フランス（n=1060）	34.5	45.5	15.6	4.4	80.0	20.0
スウェーデン（n=1051）	25.2	37.3	28.6	8.8	62.5	37.5

（%）

出所：内閣府「我が国と諸外国の若者の意識に関する調査（2018年度）」P.9（https://warp.da.ndl.go.jp/info:ndljp/pid/12927443/www8.cao.go.jp/youth/kenkyu/ishiki/h30/pdf/s2-1.pdf）。

力が低いことが窺えます。PREP法やChapter3第2節の「論理的に説明する際のポイント」などの伝え方を習得し、他者との対話が楽しいと思えるようになってください。

（3）帰納法と演繹法

　偏見、先入観、思い込みといった、わたしたちが抱いてしまう心情を抑え、真理を得るにはどのようにすればよいのでしょうか。

　こうした問いにフランシス・ベーコンは**「帰納法」**を提唱しました。帰納法は実験、観察、経験によって得た個々の事実から結論や規則性を導く推論です。たとえば、「流行しているものの傾向」や「話題になるものの傾向」などの法則性を見つけることで、新しいサービスや商品提案をする際に活用できます。ニュースで「きなこを使った洋菓子が話題だ」との報道、雑誌では「きなこを使った洋菓子専門店」の特集、YouTubeでも食べているシーンの動画がアップされている。これら3つの情報から「きなこを使った洋菓子がブームになっている」という結論を導き出すことができます。

　ルネ・デカルトは**「演繹法」**を提唱しました。これは帰納法とはまさに真逆で一般的・普遍的な法則から必然的な結論を導くものです。たとえば、「6月はよく雨が降る」「雨が降ると災害が起こりやすい」という2つの事実を前提としてあげた場合、「6月には災害が起こりやすい」という結論を導き出すことができます。演繹法は、一般論を用いて、物事の結果を推測するシーンで役立ちます。企業の方針やビジョンから具体的な戦略を展開する際にも活用できます。

　二人のアプローチはまったく逆からスタートしていますが、真理を導く思考法としてはいずれも重要です。

① 「帰納法」……具体的な事実や情報から一般的な法則へ

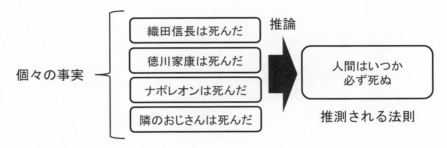

② 「演繹法」……一般的な原則から具体的な結論へ

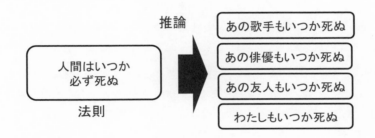

　こうした推論法も、ことばを覚えることにあまり意味はありません。こうした推論を使って話を組み立てながら説明できるよう、日々の話し合いでも、使っていきましょう。

（4）質問力を高める

　グループ討議をおこなう際、意見を述べるだけではなく、メンバーどうしで相手の意見に対して質問することも当然あります。質問法の代表的な分類として、オープンクエスチョンとクローズドクエスチョンという区分があります。相手が「はい、いいえ」もしくは「AかBか」といった選択で答えられるような、解答範囲を限定した質問の仕方をクローズドクエスチョンといいます。これに対して、「〜について、どう思いますか」などのように、あまり制約を設けず相手に自由に答えてもらう質問の仕方をオープンクエスチョンといいます。

　話し合いをしていて、あまり意見が出ないようでしかたら、まずはクローズドクエスチョンで発言を促し、活発になったところで、オープンクエスチョンで問うていくなんてこともできます。

クローズドクエスチョン（例）	オープンクエスチョン（例）
・今日、朝食はとってきましたか。 ・誰と遊びに行ったのですか。 ・いつ、訪ねればいいですか。	・最近、調子どうですか。 ・どのような性格ですか。 ・どんな旅がしたいのですか。

　グループ討議のリーダーになったら、特にこうした質問法を意識して、メンバーにはたらきかけていく必要があります。全員参加で活発な意見交換をおこなってもらうために

も、こうした質問法を使い分けていってください。

③ ▶ グループ討議の手順

(1)話し合いが苦手な日本人

　皆さんには、本 Chapter 冒頭でこれまでのグループ討議のことを振り返ってもらいました。どちらかというと、楽しかったという印象よりも、面倒だったという思い出のほうが残っているのではないでしょうか。立教大学教授の中原淳先生は、著書のなかで、話し合いの苦手な原因を３つに分けて説明されています[(1)]。その３つとは、「①同質性の高い集団」「②子どもの頃から、ダメな話し合いを積み重ねている」「③正解主義に陥っている」というものです。中原先生はこうした背景について、次のように説明しています。

---

①同質性の高い集団：同質性が極めて高い集団の中で、お互いに同調行動（皆が同じような行動）をとりながら日常生活を送っており、結果として人々が周囲の行動や意見に合わせて自らの言動を決める傾向にある

②ダメな話し合い：話し合いのルールを知らないため、一人ひとりの意見に耳を傾ける、相手の話を最後まで聞き取るなどといったことが守られていない。十分な話し合いをせず、安易に多数決で決めている

③正解主義：これまでの学校教育の中で、正しい答えが必ずどこかにあると信じ、それを個人の頭の中に記憶することが勉強であると理解してきているため、答えのないものを探究したり、自分の頭で考えたりすることに苦手意識や面倒くささを感じている

　こうしたなかでも、わたしがもっとも懸念しているのは①です。授業内のグループ討議でも、なかなか活発な意見交換は見られません。「出る杭は打たれる」ということばもありますが、大切なことは、お互いに敬意を払い、とにかく思ったことを言語化していくことです。「こんな意見、あり得ない」というものであっても、その意見を考えた人には、そう考える背景・理由があるわけです。つまり、どうしてそのように考えたのかを聞けばいいのです。本来、討議ではお互いの意見の違いを見える化することが大切なのです。

わたしたちの意見の違いは手順が違うようですが、結論は同じですね

　多様性、グローバル化などが求めら

---

(1)中原淳（2022）『話し合いの作法』PHP 研究所、PP.40-65。

れる社会では、相手の価値観を受け止めたうえで、話し合っていく姿勢が特に求められます。その意味でも、大学でのグループ討議を通して、円滑な話し合いができるようになっておきましょう。話し合いは、民主主義の根幹でもあります。お互いの主張をぶつけあい、最適解を見つけていく。こうしたことに慣れていく必要があります。

　図表5-2は、日本財団が実施した国際的な若者の意識調査です。世界各国の17歳から19歳の若者に「自分で国や社会を変えられると思うか」という質問をしています。残念ながら、「変えられる」と回答した日本の若者は2割弱です。こうした姿勢では、何に対しても、意思的・主体的に取り組めません。今後、いっそう進展するグローバル化のなかで、世界の国々の人といっしょに働くことも珍しくありません。上司がアメリカ出身、取引先のお客さまがインド出身などというものです。こうした事態に対応するためにも、正しいグループ討議の手順やルールを理解しておいてください。

　先のとおり話し合いが苦手なことには理由もありましたが、どんな仕事に就いたとしても、コミュニケーションは必要です。盲ろう者として世界で初めて常勤の大学教員になられた東京大学教授の福島智先生は、著書のなかで、コミュニケーションについて、次のように述べられています。「他者とのコミュニケーションをとることによって、私たちは初めて自己を認識できるようになるのではないか」さらに、「少なくとも他者からの能動性がなければ、私からだけで光り続けることは難しい」と説かれています[2]。つまり、自分を知るには他者の存在が必要なのです。自己理解・自己分析は就職活動においても必ずおこないます。自分だけで自分を理解することには限界があります。他者との対話は自己理

図表5-2　自分で国や社会を変えられると思うか

	自分を大人だと思う	自分は責任がある社会の一員だと思う	将来の夢を持っている	自分で国や社会を変えられると思う	自分の国に解決したい社会課題がある	社会課題について、家族や友人など周りの人と積極的に議論している
日本 (n=1000)	29.1%	44.8%	60.1%	18.3%	46.4%	27.2%
インド (n=1000)	84.1%	92.0%	95.8%	83.4%	89.1%	83.8%
インドネシア (n=1000)	79.4%	88.0%	97.0%	68.2%	74.6%	79.1%
韓国 (n=1000)	49.1%	74.6%	82.2%	39.6%	71.6%	55.0%
ベトナム (n=1000)	65.3%	84.8%	92.4%	47.6%	75.5%	75.3%
中国 (n=1000)	89.9%	96.5%	96.0%	65.6%	73.4%	87.7%
イギリス (n=1000)	82.2%	89.8%	91.1%	50.7%	78.0%	74.5%
アメリカ (n=1000)	78.1%	88.6%	93.7%	65.7%	79.4%	68.4%
ドイツ (n=1000)	82.6%	83.4%	92.4%	45.9%	66.2%	73.1%

出所：日本財団（2019年11月30日）「18歳意識調査　第20回−社会や国に対する意識調査」P.5（https://www.nippon-foundation.or.jp/app/uploads/2019/11/wha_pro_eig_97.pdf）。

(2)福島智（2015）『ぼくの命は言葉とともにある』致知出版社、PP.106-108。

解にも役立つということです。

　また、③についても、少なからず思い当たるところがあると思います。正解を見つけることとともに、「自分で論理を組み立てて正解をつくっていく」という考え方も知っておいてください。

（2）グループ討議とは

　まず、グループ討議の定義を理解してください。グループで討議することには違いありませんが、もう少し詳しく、何をするものなのかを起点に考えてみましょう。討議には２つの要素があります。具体的には、**「発信によるお互いの違いの認知」**と**「決める」**ということです。お互いに自分の意見を述べあい、お互いの意見の違いを認識しあうこと、そうして出し合った意見から、結論を決めることです。

発信によるお互いの違いの認知	自分の意見を述べ合い、お互いにその違いを認識し合うこと
決める	意見交換したなかから結論を決めること

　グループ討議の演習をしていると、こうしたグループ討議の定義が理解、定着していないため、それぞれの人がお互いにただ意見を言い合うだけの場になっているという様子がしばしば見受けられます。その意味でも、この定義をしっかり理解したうえで、これからのグループ討議に臨んでください。

（3）ブレーンストーミングとKJ法

　討議の進め方に関して、代表的なものを覚えておきましょう。これから紹介するものは、新たなアイデアが求められるときなどに有効です。新商品・サービス開発、学園祭でのイベント企画など、ゼロベースで考えるときに最適です。

①ブレーンストーミングによるアイデア出し

　学園祭の出し物やイベントを考える、新たな商品を企画するなどの際に効果的な思考法が、**ブレーンストーミング**です。ブレーン（脳）でストーミング（嵐を起こす）という意味で、チームメンバー全員でたくさんの意見やアイデアを出し合っていく方法です。名前は馴染みがないかもしれませんが、これまでの学校生活のなかでも、こうした話し合いはおこなっていたと思います。「決められたテーマについて、**ゼロベース（白紙状態）**で皆

図表5-3　ブレーンストーミングをおこなう際の基本ルール

ポイント	解説
テーマの明確化	何について話し合うのかを明確にする（まず目的と結論を共有する）
批判厳禁	ブレーンストーミングの段階では、他人の意見を否定しない
ゼロベース思考 （自由に発想する）	現実的には難しいなどとは考えずに自由に発想する
質より量が大事	突拍子もない意見も大歓迎。とにかく多くの案を出していく。「足し算の発想」でメンバーの意見をヒントにアイデアを発展させる

が自由に意見を出し合うもの」と理解してもらえれば十分です。なお、ふだんは略して、「ブレスト」などと呼ばれることが多いと思います。ブレーンストーミングをおこなうときには、次の基本ルールを守ることが重要です。

思いついたら付箋に書いてメンバーで共有していく

恥ずかしいとか、こんなことをいったら常識を疑われるなど、いっさい気にする必要はありません。こうしたことを気にしていると、斬新なアイデアが生まれてきません。メンバーが発言しやすくするためにも、明るく和やかな雰囲気作りが大切です。特に、リーダーになった人には、メンバーの人たちが話しやすくなるよう、雰囲気作りをおこなったうえで進めてください。

ブレーンストーミングは、KJ法と合わせておこなうことが多く、通常の会議などでは、付箋などに意見のキーワードをサインペンなどで大きく書き、それらを全員で共有しながら、意見を出し合っていきます。

ある程度、意見が出たら、次はKJ法による意見の整理です。KJ法とは付箋などに書いてあるキーワードを内容が近いものごとに集めて、グループ化するものです。

図表5-4　日常の出費を見直すというテーマを取りあげ、それを整理した例

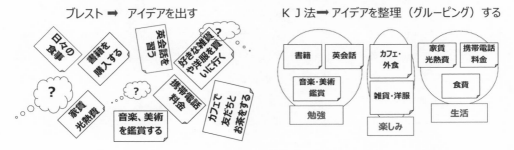

②KJ法によるアイデアの集約

ブレーンストーミングにより、意見を出し合ったら、次は**KJ法**[3]を使ってそれらを整理していきます。

---

(3)KJ法とは1960年代に川喜田二郎氏が考案したもので、本人の氏名のローマ字の頭文字をとってKJ法と呼ばれている。

図表 5 - 5　KJ 法の手順

順番	ポイント	留意点
手順1	書かれた付箋やカードをすべて見えるように並べ、全員で一度、その内容を確認する	通常は大きな机やホワイトボードに貼りつけ、全員がカードを見えるようにして実施
手順2	内容が近いものどうしを集めてグルーピングする	あまり細かく分類しないことがコツ
手順3	グルーピングした項目にそれぞれタイトルをつける	タイトルもできるだけ短い言葉でつける
手順4	タイトルを見ながら、テーマ・課題等を具体的に絞り込んでいく	グループごとのタイトルを見ながら、具体的に取りあげるテーマ・企画を絞り込んだり、課題を抽出したりしていく

　これらの整理ができたら、その整理された状態のものを全員で見ながら、新しいメニューを考える、次のイベントを決めるなど、具体的な絞り込み、意思決定などのプロセスに進みます。

　どんな意見も一度受け止めるということが一貫して大切です。わたしたちは、出された意見の問題点を指摘したり、自分の意見を通したりするため、「だけど……」「でも……」などと相手の意見を否定しがちです。しかし、こうした否定のワードが出されてしまうと、どうしても斬新なアイデアはもちろん、意見すら出なくなってしまいます。できるだけたくさんの意見を出してもらうためにも、まずは「いいね！」などと、相手の意見を受け止め楽しい雰囲気づくりを演出してください。

【演習5：ブレストから KJ 法までを実践する（グループ）】

　それでは、グループ討議の演習に先立ち、「ブレスト→KJ 法」の演習をしてみましょう。ブレーンストーミングにより、できるだけたくさんの意見を出し合い、そのうえで、KJ 法により整理してみてください。なお、テーマ、メンバーの人数、制限時間等の詳細は、授業内であれば担当教員の指示に従ってください。また、図表 5 - 6 にそれぞれの役割に関する説明がありますが、リーダーだけは決めたうえでおこなってください。テーマは次のとおりです。

・災害時、大学生ができるボランティア活動を考える
・学園祭での新たな企画を考える
・日本のいいところをあげる
・新たな学食メニューを考える

（4）グルー討議を実践する

①役割を決める

　これまでのグループ討議でも、役割を決めて進行してきたことと思います。たとえどん

なに短い討議でも、こうした役割を決めたうえで議事を進行することが大切です。討議での主な役割としては、次のようなものがあります。

図表5－6　グループ討議実施にあたっての主な役割

役割	求められる責任	期待される発揮行動
リーダー	メンバーへのはたらきかけ、議事進行をおこない、成果創出への責任を負う	テーマの確認、意見の集約、発言の促進、意見の整理、雰囲気づくり、役割者への依頼　ほか
書記	意見を聞き、わかりやすく整理、要約する	意見の整理、箇条書き等での要約、発表資料での効果的な見せ方の工夫　ほか
タイムキーパー	進行の遅れの管理、調整などをおこない、進行の責任を負う	時間管理、進行への提案　ほか
発表者	聞き手を巻き込み、簡潔かつ具体的に説明し、聞き手を理解させる責任を負う	制限時間のなかで、自分たちの主張・意見とその根拠などを簡潔かつ具体的に伝える　ほか
参加者	協力的姿勢で役割者の支援をおこなうとともに、主体的に発言する責任を負う	全体を見ながら、支援の必要なことを手伝う、主体的な発言　ほか

　学生生活のなかで、グループ討議の機会は、それほど頻繁にあるものではありません。その意味でも、毎回異なる役割を経験することをお勧めします。異なる役割を担うことにより、どのような能力・スキルが求められるかを学ぶことができます。また、経験してみてはじめてわかることもあります。「発表者となり、予想以上に緊張して早口になってしまった」「リーダーになったが、なかなか皆に発言してもらえなかった」など、必ず振り返ると、反省点は出てくると思います。こうしたことを積み重ねて、成長を遂げていくわけです。いろいろな役割を経験し、自己課題の発見・改善に努めてください。なお、図表5－6にある役割をすべて決めて討議をおこなうかどうかは討議の内容、メンバーの人数等から総合的に判断するものです。2、3人である程度の方向性も決められているのであれば、リーダーはいなくてもいいでしょう。しかし、メンバーの人数が10人以上となればリーダーが必要です。

②時間配分を考える

　よくある学生のグループ討議は、メンバーが集まったところで、じゃんけんで役割を決め、すぐに討議に入り、最後は時間切れというものです。こうしたことを避けるためには最初に全体の流れを描き、時間配分を決めることです。少なくとも次の項目は必要です。

---

①自己紹介→②全体の時間配分を決める→③役割分担→テーマと求められている成果物の確認→④討議→⑤まとめ→⑥発表資料の作成→⑦発表のリハーサル→⑧修正・確認

---

③進捗を共有する

　グループ討議の様子を見ていると、決められた書記の人が自分のノートなどに発言者の

意見を整理しています。しかし、これでは全員で意見を共有することは難しいと思います。こうしたときに役立つのがホワイトボードです。全員で同じ状況を共有し、必要に応じて書記以外のメンバーも追記することができます。瞬時に意見が共有できますから討議も効率的に進みます。もしホワイドボードがなくても、大きめのノートとサインペンがあれば十分です。なお、書記役の人は必ずメモをとりながら意見を整理、集約していかなければなりませんが、その他のメンバーも必要に応じてメモをとってください。

(5) グループ討議の留意点

よくある残念なグループ討議の例をご紹介していきます。きっと「こんな経験あった」という事例があると思います。

まず、皆さんにお願いしたいことは、「自分事」として、参加してほしいということです。「誰かがやるだろう」では、チーム全体のモチベーションが下がってしまいます。笑顔で「今日はよろしく…」と挨拶して、楽しく和やかな雰囲気づくりに協力してください。そして、さまざまな役割を経験することにより、自己課題の発見に努めてください。

良い商品だから売れるという時代ではなくなっています。われわれ消費者のニーズも多様化していること、時代の変化が激しいこと、人口減少など、企業は厳しい環境のなかで生き残りをかけて必死です。お客さまに近い販売スタッフ、マーケティング部門のスタッフ、製造部門のスタッフ、材料調達部門のスタッフなど、さまざまな役割の人たちが、意見を持ち寄り、話し合いを重ねて、より良い商品を開発・投入していくことになります。立場が異なれば、当然意見も違ってきます。そして、役割や部門の違いによる意見の相違

図表 5-7　残念なグループ討議

望ましくない事例	具体的な状態	対処法
批判的で雰囲気がわるくなる	「…ていうかさあ、あり得ない」「時間もないし厳しいよ」など、批判的・否定的な人がいる	相手の意見を受け容れることができず、否定から入ってしまったり、自分がチームのなかで優位に立ちたいという思いから、否定してしまうケースなどが考えられます。しかし、それらも意見です。全員の意見を出してもらい、そうした意見でも一度受け止めつつ、進行しましょう。
おとなしく、意見をいう人が少ない	討議に無関心で、発言しない人が出てきてしまう	最初に自己紹介、雑談などを交え、発言しやすい雰囲気をつくったり、「○○さん、いかがですか」と指名していき、できるだけ全員参加を促していきます。
制限時間内に終わらない	全体の進行管理が甘く、制限時間までに成果を出せない	始める前に、①テーマの確認、②役割分担決め、②討議、③まとめ、④発表資料作成、⑤リハーサルなど、およその時間を決めておくことです。また、チーム内で分業して、パラレルに複数の業務を進行させることも大切です。
何を求められているかわからなくなっている	討議の目的、最終アウトプットの確認、すり合わせが不十分で、何を求められているかがよくわからずに進行している	何を求められているか、できるだけ具体的かつ簡潔に説明することがリーダーには求められます。また、メンバーも納得いかない、よくわからないなどの場合には質問し、目的等を明確にしていかなければなりません。

をお互いに認識しあい、何らかの決断をしていくわけです。発言することばかりに傾注してしまいがちですが、やはり相手の意見をしっかり聞いて、違いを認識することが大切です。「人間は考える葦である」ということばを残したフランスの哲学者・数学者でもあるブレーズ・パスカルは「人間はつねに、自分が理解できない事柄は、何でも否定したがるものである」と述べています。相手の意見を正確かつ素直に受け止め、理解することが討議の基本です。

4　▶ グループ討議にチャレンジする

（1）グループ討議の実践

　それでは、グルー討議にチャレンジしていきましょう。これまでの学びを振り返りながら、取り組んでください。就職活動における採用選考でのグループ討議、職場での会議など、卒業後も話し合いは続きます。そして、お互いに自分の意見を述べあい、お互いにその違いを認識しあうこと（発信と認知）が、話し合いの基本でした。お互いに、自分の意見と他者の意見との違いを意識しながら臨んでください。

　『論語』（孔子の言行を弟子たちが編集したもの）のなかに「己の欲せざる所は人に施すことなかれ」という一節があります。「自分がしてほしくないことは、ほかの人にもしてはいけない」ということですが、これができているでしょうか。グループ討議をしていると、無関心、批判的、意見を述べないなどの様子が見られ、雰囲気のよくないグループもあります。孔子のことばを借りれば、上記のような態度を自分がされたらいかがでしょうか。こうしたことも考えグループ討議に本気で取り組んでください。

【演習6：グループ討議の実践（グループ）】

　グループ討議のテーマをあげておきます。テーマ、メンバーの人数、制限時間、発表方法等、授業内であれば担当教員の指示に従い、取り組んでください。なお、皆さんだけで取り組む場合には、次のようなテーマ例も参考に、やや短めの時間を設定し、6名前後でおこなってください。

- ・グローバル人材はほんとうに必要なのか
- ・日本の大学の問題点は何か
- ・大学は社会に対して責任を負わなければならないか
- ・選挙権年齢の引き下げは有効だったのか
- ・なぜ日本人は議論が苦手なのか
- ・人間の成長に欠かせないものは何か
- ・学生時代に経験しておきたいことは何か

- いわゆる「マウントをとる」ということに対してどう考えるか
- 「幸せ」とはどのような状態か
- アドトラック（宣伝カー）は環境対策として何らかの規制が必要か

（2）グループ討議の振り返り

　さて、次の表に沿って、討議を振り返ってみてください。テキストでの学びを生かした討議が実践できたかどうかを確認してください。なお、「メンバー」の欄は同じグループ内のメンバーに頼んでください。

【演習7：グループ討議での改善事項を抽出する（個人→グループ）】

No.	項目	自己	メンバー	グループ討議チェックポイント
1	聴く	☐	☐	アイコンタクト、頷きを意識して、メンバーの意見を傾聴できた
2		☐	☐	相手の意見を否定することなく、受け止めることができた
3		☐	☐	否定的なことをいわれても、感情的にならず落ち着いて対応できた
4	話す	☐	☐	笑顔で挨拶、自己紹介ができた
5		☐	☐	PREP法などを活用し簡潔に結論から述べることができた
6		☐	☐	自分の意見（主張）を伝えるときは、理由・根拠等とともに述べることができた
7		☐	☐	相手の意見と自分の意見との違いを論理的に説明できた
8		☐	☐	自分の意見がメンバーに伝わるよう、ノンバーバル（声、表情、姿勢など）も意識した
9		☐	☐	最後もメンバーにお礼を述べて締めくくった
10	はたらきかける	☐	☐	発言の少ないメンバーには、はたらきかけを忘れなかった
11		☐	☐	論点がそれたり、時間が経過している場合には、それらを指摘し、進行にも貢献した
12		☐	☐	発言が止まってしまったら、自ら意見を述べたり、発言を促すことができた
13		☐	☐	良いと思う意見には、賛成の意思を伝えたり、その意見をさらに発展させたり、深めたりした
14		☐	☐	テーマの理解、問題の所在、問題解決策、プレゼンの見せ方など、考えた提案をおこなうことができた
15	その他	☐	☐	決められた役割を果たすことができた
16		☐	☐	終始、討議に集中し、本気で取り組めた
17		☐	☐	時間を守って、指定のアウトプットを出すことができた

　チェックがついていない項目については、改善課題として、次のグループ討議で意識して取り組んでみてください。

〈参考文献〉

石井洋二郎・藤垣裕子（2016）『大人になるためのリベラルアーツ』東京大学出版会。

伊藤奈賀子・中島祥子編（2019）『アカデミック・スキル［新版］』有斐閣。

Column

高い成果をあげているチームとは

　授業内でおこなっているグループ討議の様子を見ていると、「このチームは期待を上回る発表をしてくれるだろう」とか、反対に、「このチームはちょっと厳しいかな……」などということがある程度想像できます。

　成果の出せるチームは、①笑顔で笑いが絶えない、②前のめりで立ちあがって討議している、③分業している（全員で同じ作業をするのではなく、分担、並行して進めている）といった様子が見られます。

　反対に厳しいかなと思われるチームには、①発言が少ない（おとなしい）、②表情もつまらなそう、③チームのなかがさらにいくつかに分かれてばらばらの議論をしているといった様子が見受けられます。こうした様子が見られるチームには介入させていただくのですが、なかなか活発な意見交換とはなりません。

　一人でもつまらないという様子を見せてしまうと、全員に伝播し、チーム全体のモチベーションにも影響しかねません。高い成果をあげるためにも、ぜひ元気な自己紹介からスタートし、全員参加で討議を盛りあげていってください。

　明治大学教授の齋藤孝先生は著書『不機嫌は罪である』（2018年、KADOKAWA）にて、「前向きで生産性のあることを考えている人の頭やからだは柔軟に動いていて表情もやわらかい」と述べておられます。わたしもそう思います。仏頂面、辛辣な表情をしなくても、考えることはできます。周りの人への影響も考え、朗らかにありたいものです。

PART 2

社会・仕事を理解する

社会人のマナーを学ぶ

なぜビジネスマナーが大切か

　マナーを考えるときには必ず「相手」が存在します。自分ひとりで仕事をするならマナーは必要ありません。大学生活でも社会でも、相手と自分の間には必ず「差」や「違い」があります。相手とは、考え方や習慣、経験、価値観、キャリアなどの違いが存在します。

　こうした違いを持つ相手から多くのことを学びとろうとすると、相手に対して「**敬意**」を持って接する必要があります。相手に対する敬意を行動で示すのが「**マナー**」、言葉で示す（伝える）のが「**敬語**」です。この２つを心がけて接すると、相手と自分の間にあるさまざまな「**違い**」を超えて心理的な距離も縮まります。つまり、マナーとは「形（かたち）」から入るものではなく、「**気持ち**」が大事なのです。

> ### この Chapter の到達目標
>
> □相手への敬意を示すものとして、マナーと敬語があることを理解し、それらを使うことができる。
> □ビジネスコミュニケーションは、「３つの力」が基本となっていることを理解し、日常のなかで実践できる。
> □基本的な敬語を理解し、大学生活のさまざまな場面で使うことができる。

1 ▶ マナーを身につける意義を理解するための演習

　最近「ホスピタリティ」という言葉を聞くことが多くなったように思います。「ホスピタリティ」はもともと観光業や介護職に従事する人たちのなかで大切にされてきた「おもてなしの精神」です。似たような言葉に「サービス精神」がありますが、意味は異なります。

　ホスピタリティとはすべての相手に対して思いやりを持って丁重におもてなしをすることです。そのためには「相手が何をしたら喜んでくれるのか」「相手はいまどのようなことを期待しているのか」「どのようにすれば相手に自分の想いが伝わるのか」「何をすれば喜んでいただけるのか」など、相手の気持ちを察して考え行動することが必要です。

　言い換えれば、相手に対する思いやりやおもてなしの気持ちを行動で示すことです。ビジネスにおいては顧客の満足度を高め、リピーターに繋げることができます。ホスピタリティはホテルや飲食業などでお客さまに心地よく滞在していただく、心地よく食事をして

いただくなどの意味で使われており、ビジネスの現場で働く人々でその精神が共有されています。

　日本におけるホスピタリティは、茶道における「一期一会」が始まりだといわれています。この「一期一会」とは、出会った人と二度と会うこともないかもしれないという思いで、その人へお茶でおもてなしをするという茶道の心得を表したことばで、どの茶会でも一生に一度のものと心得て、主客に誠意を尽くしてもてなすことをいいます。

　日本のおもてなしは、海外から訪れる観光客にも非常に好評で、大変満足して日本での歓待を受けているようです。

　皆さんがこれまでに受けた印象的なおもてなしや感動したサービスをグループで共有してみましょう。印象的なおもてなしにあたるものとはどのようなものなのでしょうか。

【演習1：印象に残るおもてなしや感動したサービス（グループ）】

```



```

　テーマパークや飲食店でのサービスを思い浮かべたのではないでしょうか。

　サービスは相手と時間と場を共有し、その人へ直接提供されるものです。生産する人（サービス提供者）がいて、同時に消費する人（お客さま）がいて、提供を受けた人は「自分のために」という満足感があり、満足・感激・感動という気持ちが生まれてきます。最高のサービスとは「相手の記憶に残る」ということです。ホスピタリティマインドとサービスは「相手のために」という気持ちを行動で示すことですので、「マナー」を身につけることにもつながってきます。

2 ▶ コミュニケーションとは何か

　皆さんが大学生活を送る中でコミュニケーション力の大切さを痛感することも多いと思います。ビジネスでもさまざまな場面でコミュニケーション能力が求められます。向き合う相手と自分の価値観、考え方、言語や文化・習慣の相違を認め、受け止める力、相手との心理的な距離を縮め感動を生み出す力、それらが共通の目的に向かって歩む原動力とな

るものです。これこそ、コミュニケーション力なのです。

　コミュニケーションの難しさは、伝える側と伝えられる側との関係性にあります。自分が「伝えた」ことが、相手に的確に「伝わらない」ことがあります。反対に自分は「伝えて」いないのに、相手に「伝わってしまう」こともあります。

　それでは、なぜこうした理解の齟齬が生じてしまうのでしょうか。原因を考えてみましょう。

【演習2：理解の齟齬の原因を考える（個人）】

　立場が異なれば、前提としていること、大切にしているポイントなども異なります。また、これまでの経験が異なれば、理解してもらうために相手に対してはかなり丁寧な説明が必要です。こうして、相手との関係性、相手の理解度などを察して、コミュニケーションをとることが重要です。一方的に話すことが目的ではなく、相手に伝わることが目的ですから、相手の正しい理解が非常に重要になってきます。

　また、相手に理解してもらうためには、文脈力も大切です。これまで重ねてきた対話があれば、それを踏まえてコミュニケーションをとっていかなければなりません。それまで築いてきた信頼関係を大切にし、更に会話を重ねていくことが大切です。良好なコミュニケーションはその場だけを切り出して成立するものではありません。

③ ▶ ビジネスの現場では「話して伝える」「書いて伝える」が基本

　コミュニケーションには、日本語では「意思伝達」ということばがあてられています。『広辞苑』（岩波書店）では、「知覚・感情・思考の伝達」、「身振りや音声などによる心的内容の伝達」と説明されています。つまり、自分が思っていること、考えていること、感じたことを、さまざまな方法（伝達手段）で相手（第三者）に伝えること、それがコミュニケーションの大まかなアウトラインです。

　自分と相手が双方向に「伝える」⇔「伝わる」というコミュニケーションをとるためには、①「話して伝える⇔聞いて伝わる（言語・音声・聴覚）」、②「書いて・描いて伝える⇔読んで・見て伝わる（文字・記号）」、③「表情で伝える⇔見て・感じて伝わる（身振り・雰囲気・視覚）」、といった3つの「伝える」方法があります。コミュニケーションの基本は、お互いにそれぞれが「伝えたい」こと、つまり何らかの情報（意味）やその思い（感情）をキャッチボール（やりとり）することにあります。

　「話して伝える」場面には、相手の顔（表情）を見て話す場合と、相手の顔を見ないで話す場合があります。相手の表情が直接見える場合には、相手の反応を見ながら話を進めることができますが、たとえばお互いに顔が見えない電話などでは、相手の声や言葉遣いにも気を配らなければなりません。また、相手が年長者など目上の方であれば、失礼のない敬語表現をマスターする必要があります。

　「書いて伝える」場面では、まず自分から相手へ「伝える」往路のコミュニケーションから始まります。最初に、自分が「伝えたい」情報や思いを込めたボールを、相手に向かって投げます。相手に「伝える」ためのボールは、相手がキャッチしやすいストライクゾーン、つまり「伝わりやすい」言葉（文章）でなければなりません。日常の手紙やはがき、Ｅメールを書く以外にも、就職活動における履歴書、エントリーシート、作文などでは、「書いて伝える」能力が求められます。

　４年間の大学生活では、同世代の学友やアルバイト仲間はもちろん、大学の教員や職員の方々、就職活動では企業の採用担当者など、年上の方々とも、さまざまな価値観を持った人々と心地よい会話を楽しみながら、つねに「相手への敬意」を忘れないようにしたいものです。

④ ▶ コミュニケーションにおける「意味」と「感情」のやりとり

　明治大学教授の齋藤孝先生は、著書『コミュニケーション力』（2004年、岩波書店）のなかで、『一方通行で「情報」が流れるだけではコミュニケーションとは呼ばない。お互いの「意味」と「感情」をやりとりする相互性（双方向性）があるからこそ、コミュニケーションといえる』と述べています。

　図表６-１は、縦軸に意味（情報量）を、横軸に感情（思い）をとった齋藤孝モデルです。意味と感情スコアがどちらも高いＡゾーンは理想パターン、感情スコアが低いＢゾーンは情報が重要な会議パターン、意味スコアが低いＣゾーンは感情（思い）を共有し合う親子・恋人パターン、意味・感情スコアともに低いＤゾーンはほとんど口も利かない絶交パターンです。

　やりとりするのは、主に「意味」と「感情」です。「情報伝達＝コミュニケーション」というわけではありません。情報を伝達するだけでなく、感情を伝え合い、分かち合うこともまた重要なコミュニケーションの役割です。

図表6-1　コミュニケーションの座標軸

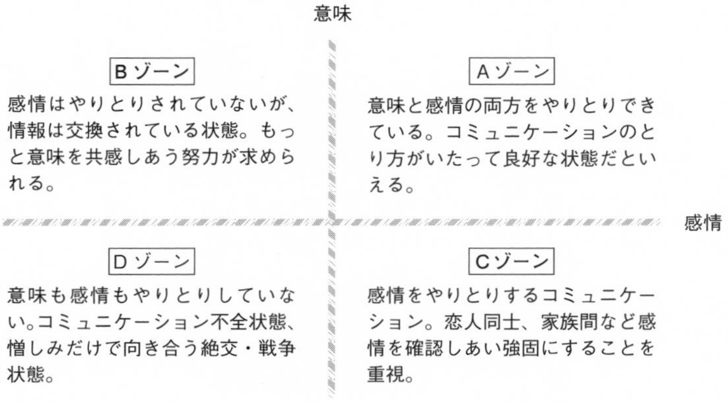

意味

Bゾーン	Aゾーン
感情はやりとりされていないが、情報は交換されている状態。もっと意味を共感しあう努力が求められる。	意味と感情の両方をやりとりできている。コミュニケーションのとり方がいたって良好な状態だといえる。
Dゾーン	Cゾーン
意味も感情もやりとりしていない。コミュニケーション不全状態、憎しみだけで向き合う絶交・戦争状態。	感情をやりとりするコミュニケーション。恋人同士、家族間など感情を確認しあい強固にすることを重視。

感情

出所：齋藤孝（2004）『コミュニケーション力』岩波書店、PP.2-8を参考に作成

　コミュニケーションにおける「意味」はやりとりされる情報の中身（伝えたい情報）、「感情」は情報（ことば）に載せた思い（心情）の伝え方、または伝わった結果としてお互いの心情に生じるものです。

5 ▶ビジネスコミュニケーショでは「聴く力」「伝える力」「関わる力」の３つの力が基本

　ビジネスコミュニケーション（能力）では、３つの「力」が求められます。

(1)「聴く力」

　「聴く力」は、単に耳で聞くのではなく、相手の話を心で受け止めて理解する姿勢です。この傾聴姿勢を表すこととして、アイコンタクト、頷くなどがあります。相手が自分に何を「伝えよう」としているのか、何を望んでいるのかを理解しようとする姿勢が何よりも大切です。皆さんも、あまり本気で聴いていない人に熱心に語りかけたりはしないと思います。

　コミュニケーションでは、どうしても話すことに重点がおかれがちですが、実は聴くほうが難しいのです。相手が話したくなるような傾聴姿勢で、必要に応じてメモをとるなどの行為はしっかり相手の話を聴いている証しで、話しをしやすい状況なのです。仕事でもお客さまとの商談、職場での会議など、聴く機会は非常に多いものです。相手が話したくなるような傾聴ができるようになると、さまざまな情報が入ってきます。これは授業やゼミ、部・サークル活動、アルバイトなどでもトレーニングできることです。

　なお、聞く（hear）は物理的に耳から声や音が入ってくる状態で、単に話し声が聞こえる程度の聞き方です。相手は聴いてもらえた手応えがない状況です。それに対して、聴く（listen）は相手の話に心と耳を傾けしっかり理解することです。「聴く」という文字には、耳・目・心という字が含まれていますが、相手の話を全身で受け止めるという意味で

す。そのほか、訊く（ask）があります。これは上手に質問すると、相手の気持ちや真意を引き出すことができるという意味があります。

　なお、本Chapterでは、「聞く」と「聴く」が混在していますが、前後の内容によって、使い分けています。

（2）「伝える力」

　「話す」ことができても、「伝える」ことはなかなか難しいものです。相手が話の内容を理解してくれて、最終的に共感・同意などが得られなければ相手とのコミュニケーションが成立しません。つまり、「話す」≠（ノットイコール）「伝える」なのです。

　人は、その人なりの「理解の仕組み」を持っています。同じ内容の話をしても、相手の人生経験・世代や仕事のキャリア、価値観などによって、受けとり方が異なってきます。つまり相手と自分との経験や価値観などが異なると、せっかくの話も伝わってこないし伝わらないのです。つまり、「伝える」ためには、まず相手をよく理解することが求められるわけです。たとえば、忙しく飛び回り時間が最優先という人には、とにかく結論から伝えるなどの姿勢が求められます。

　整理すると、わかりやすく伝えるためには、次の2つがポイントになります。

・伝えたいことの結論やテーマを先に述べ、できるだけ簡潔かつ具体的に伝える
・相手の経験、価値観を理解したうえで伝える（相手に応じたエピソード、例示）

（3）「関わる力」

　相手とどのように関わるか、どこまで関わればよいか、これはなかなか難しい問題ですが、つねに「相手への敬意」を持ち、適度な距離感を保ちながら、相手に対して思いやりのあるコミュニケーションで関わる力が求められます。そのために相手がどのようなキャリアや価値観を持っているかを、理解する努力が必要となります。

　それでは、聴く姿勢・態度がどれだけ話し手に影響するかを体験してみましょう。

　話し手、聴き手でペアになっておこないます。聴き手は態度A、Bをそれぞれとります。話し手は1分程度、好きなこと、最近の出来事などを話してください。そして、お互いに気づいたことを整理しあってください。

【演習3：聴き手の態度（ペア）】

聴き手の態度（A）	聴き手の態度（B）
・腕組みをする ・足を組み、いすの背もたれにもたれて座る ・相手の話に頷くなどの反応はしない ・笑顔もなく無表情	・背すじが伸びて座る姿勢もよい ・頷き、アイコンタクトもある ・笑顔で明るい表情で聴く

〈気づいたこと〉

```



```

結果はいかがですか？

　聴き手Aの態度では、とても話したいという気持ちにはならないと思います。つまり、聴き手の態度次第で話し手の意欲が変わります。

　それでは、本節で取りあげた3つの基本事項について、セルフチェックをしてみましょう。また評価の下の欄には改善すべき自己課題をメモしておきましょう。さらに、1か月後、再度自己評価をおこなうことで、改善の成果を確認できます。

【演習4：3つの基本のセルフチェック（個人）】

項目	自己評価（現在）	自己評価（1か月後）
聴く力：相手の話を心で受け止め、アイコンタクト、頷きも欠かさない（相手がもっと話したくなる状態）	1・2・3・4・5	1・2・3・4・5
伝わる力：結論やテーマを予め考え、一貫性を保ち、最後まで簡潔に伝えることができる	1・2・3・4・5	1・2・3・4・5
関わる力：他者理解、思いやりを大切にして、相手の立場・役割なども踏まえた対話ができる	1・2・3・4・5	1・2・3・4・5

　ここまでコミュニケーションについていろいろと述べてきましたが、コミュニケーションの積み重ねは最終的には「信頼関係」を築くことにつながっていきます。対話を重ね、場と時間を共有し、いっしょに仕事に取り組みながら相手を理解し、お互いの信頼関係もできあがっていきます。

　皆が共通の価値観を持ち同じことを考えていたら、コミュニケーションをこれほどまでに取りあげる必要はありません。皆さんも経験があると思いますが、気の合う友だちとな

ら、あまり細かなことまで話さなくても、すぐにわかってもらえるでしょうが、気の合わない人、初対面の人との対話であれば、理解してもらうためには前提を丁寧に話したり、先に相手の話を聴いたうえで、すり合わせながら話すという姿勢が求められます。このように考えると、コミュニケーションとは、まさに**人間理解**といえます。どれだけ正しいことを述べても、相手との信頼関係が構築できていなければ、相手は理解しようとすらしてくれません。

　相手に敬意を払い、相手を理解する姿勢こそ、コミュニケーションにおいてもっとも大切なことなのです。

　なお、こうしたお互いを尊重しながら意見を交わすコミュニケーションのことをアサーティブ・コミュニケーションなどといいます。アサーティブ（assertive）とは、「自己主張すること」という意味ですが、ここでいう自己主張とは、自分の主張を一方的に述べることではなく、相手を尊重しながら相手が理解できるように適切な方法や言葉で自己表現をおこなうことを指します。

⑥ ▶ ビジネスマナーの必要性

　ビジネスシーンにおけるマナーには多くの種類があります。挨拶、会話、電子メール、SNS、電話（かける・受ける・取り次ぐ）、手紙・葉書（用途に応じて使いわける）、席次（座る場所）、名刺交換、エレベーター（乗り降り）、人を紹介する順番、訪問、食事、服装、お見舞い、冠婚葬祭、接待など、あらゆる場面でビジネスマナーが求められます。

　マナーを身につけるためには「相手への敬意」を持つことが大切です。マナーは自分のために身につけるものではなく、①相手に不快な思いをさせない、②相手に迷惑をかけない、③相手に恥をかかせないなど、相手のために身につけるものなのです。職場では、年齢、価値観などもまるで異なるメンバーがチームを組み、成果をあげていくことが求められます。そこには、やはりこれまでの友だち同士とは異なる接し方が求められます。相手への敬意を具体的に行動で示すものがマナーです。こうしたマナーを意識しながら行動できると、お互いに良好な関係性を持つことができ、仕事も円滑に進めることができます。

　ここではインターンシップや就職活動、卒業後のビジネスシーンなどで、比較的頻度の高いビジネスマナーについて、触れていきます。

　皆さんが知っていることもあるでしょうし、知っていても少し異なることもあ

るかもしれません。なお知っていても行動できなければ、マナーは意味がありません。アルバイト先で身につけたマナーは本テキストの基本とは異なることも多々あります。ここではテキストをもとに基本を理解しましょう。

(1)身だしなみの基本

　最近は就職活動において、企業訪問でも面接でもスーツを着用しないケースが多くなってきました。そこで働く方も面接官もカジュアルな服装に変わってきているからです。ビジネス用のカジュアルな服装を「ビジネスカジュアル」といいます。しかし就職活動では、社会の先輩に会うので、スーツでもカジュアルでも、身だしなみは大事です。ポイントは次のとおりです。

- スーツの場合は清潔感を第一（襟、袖口、ネクタイの汚れなど）に注意すること。色は黒、紺、グレーなどを選ぶ
- シャツはサイズの合ったものを着用すること
- ネクタイを着用する場合は、きちんと締めること
- 足元にも気を配ること（靴下、靴の汚れはNG）
- カバンやバックは持ち運びしやすいもの、靴は履きやすいものを選ぶ。必ずしも皮製でなくてもよい
- 爪の手入れを忘れずに（爪は伸びすぎず、清潔感を大事に）
- 頭髪にフケなどないか注意しよう（乾燥したシーズンには特に注意）。寝ぐせにも注意。鏡で後ろ姿もチェック
- カジュアルな服装での参加を求められた場合には私服で臨むことになりますがラフになりすぎず、清潔感を心がける（過度のアクセサリーや素足・肩を出すなど肌の露出に注意すること）。自分で判断できなければ第三者（大学の就職担当者など）に相談してみましょう

(2)挨拶に関するマナー

　挨拶は相手に会ったとき、最初におこなうものです。つまり、印象を決定づけることにもなりかねませんから、普段から積極的に挨拶をしましょう。挨拶のポイントは次のとおりです。

- 訪問先企業では自分から笑顔で元気よく「挨拶」をして「積極性」と「やる気」をアピールしましょう。特に受付などではチェックされていることもあるので、元気に挨拶をしたうえで、大学名・氏名を名乗り、訪問先の担当者の部署名・氏名を間違えることなく伝えること。名乗った後はお辞儀を忘れないこと

・相手と必ず「視線」を合わせ挨拶して会釈しましょう

・挨拶をする際、背筋を伸ばして堂々とおこなってください

（3）会話時のマナー

　挨拶、敬語などのほか、席次、姿勢など、留意すべきマナーがあります。最初から完璧におこなうのは難しいと思います。ただ、大切なことは、大人としてのマナーを理解し、相手への敬意を示すという意思があるかどうかです。

・目上の方と会うときは下座の席、ドアにもっとも近い席に座ること

・相手の話を聴くときは姿勢に気をつけて、足を組んだり腕組みをしない、頬杖をつかないこと

・相手の話は腰を折らずに、最後までしっかり聴くこと

・話を忘れないために必要ならメモをとること

・携帯電話はカバンに収めておくこと（相手の視野に入る場所に置かないこと）

・相手とのアイコンタクト、頷きを忘れないこと

・会話ジャック（相手の話題を乗っ取り、一方的に自分だけ話をすること）や話を最後まで聴かず自分の話を始めるのは厳禁です。相手の話を最後まで聴き、不明なら質問するのがマナーです

（4）電話のマナー（主にかけるとき）

　まず、大切な基本は、メール、電話を使い分けてほしいということです。あまり電話をかけたがらない、できるだけメールで済ませたいという人が増えています。しかし、就職活動においては面接時間に遅れるなどの急ぎの場合は、電話のほうが適切です。緊急度に応じて、連絡方法を使い分けてください。

・人事担当者への電話は、原則として勤務時間内にかけること（週明けや休み明けの勤務時間が始まったばかりの時間帯はかなり忙しいので、担当者がつかまりにくいことも多い）

・携帯電話でかける場合には、静かな場所を選んでかけること

・相手が不在の場合には、こちらからかけなおすのが礼儀（相手が好意でかけてくれると言ってくれても、「自分の用件ですから」と言って一回は辞退して、かけなおすようにする）

・電話をかける際には、用件をメモしておくこと

・携帯電話に出るときには必ず名乗ること。「非通知」で不安な場合は相手が名乗って
　から「失礼致しました。○○です」と伝えましょう。

・セミナー会場や会社訪問では携帯電話の電源は切っておくこと。また電話をかける時
　には「いまお時間よろしいでしょうか」と相手の状況を確認すること

（5）企業訪問・企業セミナーでのマナー

　この数年ほど企業セミナーや面接をオンラインで実施する企業も多かったのですが、対面に戻す企業も多くなりました。ただオンラインでのセミナーや面接をおこなう企業もまだまだあります。ここでは対面とオンラインそれぞれのマナーについて触れます。

　授業にて、頻繁にスマホ操作をしたり、寝ていたりする人は注意すること。

①対面の場合

・会場では前の席から座ること。複数掛けの席の場合には席をあけず奥へ詰めて座り、
　後から来る人のために通路側の席は空けておく配慮をすること

・資料などいただくときには「ありがとうございます」とお礼を言って軽くお辞儀を
　し、「両手」で丁寧に受け取ること

・質問があれば積極的にすること（人前で質問することを恐れない、目立とうとする必
　要もない）。人事担当者の指示にしたがって、大学名・氏名を名乗るかどうか判断す
　ること

・企業セミナーの場合にはあらかじめ、事前の情報収集がカギ。参加企業やその業界の
　基礎情報は押さえておくこと

・名刺は両手でいただき、丁寧に扱うこと。いただいた名刺はビジネスでは名刺入れに
　収めますが、名刺入れのない場合には手帳などに入れる。

・退室する際には机上の消しゴムのカスなどはすべて片づけること

・セミナー会場で開場を待つ場合には、人の邪魔にならない場所で待つこと

・セミナー会場の近くで噂話などは控えること（会場の近くには企業の関係者がたく
　さんいるので誰が聞いているかわからない）

・セミナー会場内では友人に会っても話し込まず、挨拶程度にとどめる（友人と情報交
　換をするなら、会場から遠く離れた場所でおこなうこと）

②オンラインの場合

・ネット回線・カメラ・マイク・パソコンの状態を事前にチェックしておくこと

・服装は企業からの指定に従うこと。スーツの場合は気を抜かず上下スーツで臨むこ

と。マスクをしなくて良い場所で臨むこと

・画面全体に自分の顔が出るように、バランス・明るさなどを考慮し、カメラの位置や目線の高さなどチェックしておくこと

・画面に映り込む背景や壁に注意すること。自分の部屋なら効果的に使用することもできる

・雑音がなく、ネット環境の良好な場所で参加すること。万が一、回線が切れても焦らずに入り直すことで問題はない

・オンラインでは自分の顔が見えるので気になるが、オンラインに入る前に自分のヘアースタイルや襟元などチェックすること

・参加中は表情に気をつけ、対面と同様に、頷いたり反応しながら話を聴くこと

・セミナーが終了したら、オンラインでも画面でお礼を伝え退室すること

（6）公共のマナー

　移動中の電車やバスの中では、電話には出ないこと。就職活動中に企業から電話がかかって来ても焦らず、下車してからかけ直しをしましょう。人事担当者は公共の交通機関で移動中に電話に出ることを望んでいません。

（7）SNS のマナー

　最近特に問題になっているのが SNS のマナーです。学生生活では特に問題がなくても、就職活動では SNS に対する考え方を変えなければなりません。インターンシップや就職活動では人事担当者は学生の Instagram や Twitter、Facebook などをチェックしていることも珍しくありません。学生同士では問題ないことでもビジネスの現場では問題視されることも多いものです。

　インターンシップや就職活動期間中は活動内容について、安易に SNS で発信しないよう注意してください。特にインターンシップでは企業秘密に類することを知ることもあり得ます。SNS 以外でも他言しないようにしましょう。

　それでは、グループになって、挨拶の練習をしましょう。次の挨拶を丁寧におこない、お互いのクセ、留意点などをアドバイスしてください。特に声の大きさなどはお互いにしっかり確認し、問題があれば指摘してあげてください。

【演習 5 ：挨拶練習（グループ）】

「こんにちは。○○大学△△学部△△学科・○年、○○○○と申します。どうぞよろしくお願いいたします」

メンバーの氏名と指摘すること
自分が指摘を受けたこと

　ポイントは名字と名前の間を少しあけて言うことです。また語尾まではっきりと言い切ることが大事です。

7 ▶ ことばで伝えるマナーとしての敬語

　相手に対する尊敬の念を行動で示すのがマナーですが、言葉で示すのが「敬語」です。就職活動においても仕事においても、どちらも大事です。敬語は使い慣れないと、難しいものです。それでもビジネスの現場では必要なのでいまから慣れていくことは大事です。最初はうまく使えなくても、まずは相手への敬意を表す気持ちが伝わればいいのです。その意味でも、大学の教職員や部活動の先輩、アルバイト先などで日常的に敬語を使い、身につけていってください。

相手に使う尊敬語
自分に使う謙譲語

自分　相手

謙譲語
自分をへりくだる表現

丁寧語
丁寧に伝える表現

尊敬語
相手を敬う表現

（1）敬語の種類

　敬語には、次の3種類があります。特に難しいのは、謙譲語の使い方だといわれます。たとえば、「申しあげます」というとき、「申しあげる」のは自分です。自分をへりくだることにより、相手に敬意を示すというものです。

> 丁寧語：相手に敬意を払って、言葉を丁寧にすることにより相手に敬意を示す
> 尊敬語：相手の動作を高めて敬意を示す
> 謙譲語：自分の動作や状態をへりくだって表現することで、相手に敬意を示す

（2）敬語の遣い方

①尊敬語

　一般的に尊敬語は、動作を表す言葉に「れる」または「られる」という助動詞をつける

ことによって表すことができます。しかし、「れる」「られる」は可能性を表わす言葉として使われることもあるので、注意が必要です。

普通の言い方	やや丁寧な言い方	非常に丁寧な言い方
受ける	受けられる	お受けになる
待つ	待たれる	お待ちになる
検討する	検討される	ご検討になる
来る	来られる	

普通の言い方	尊敬の気持ちがより深い言い方
来る	いらっしゃる、おいでになる、お越しになる　おみえになる
行く	いらっしゃる
言う	おっしゃる
いる	いらっしゃる

②謙譲語

　相手の動作に対し直接尊敬の念を示すのではなく、自分の動作をへりくだって話すことによって、間接的に相手に敬意を表します。

普通の言い方	へりくだった言い方
受ける	お受けする
待つ	お待ちする
読む	お読みする、拝読する
案内する	ご案内する
電話する	お電話する

※通常「お」や「ご」は相手の動作に対する尊敬語ですが、あきらかに相手に向けての行為の場合には、自分の行為に「お」や「ご」を使います。

普通の言い方	特別な言い方
来る	参る
行く	参る、伺う
言う	申す、申しあげる
見る	拝見する
食べる	いただく
聞く	伺う、承る、拝聴する

③丁寧語

　丁寧語は相手に敬意をはらって、表現をより丁寧にする言葉です。敬語における丁寧語は、「です」「ます」「ございます」などがあります。

普通の言い方	丁寧語
ある	あります、ございます
する	します、いたします

（3）覚えておきたいビジネス話法

①前置きをして印象を和らげる

　相手に対していいにくいことをいわなければならないときに、印象をソフトにしクッション的な役割を果たす言葉（文章）です。

場面	代表的な言葉
話しかけるとき	恐れ入りますが　失礼ですが　申しわけございませんが
お願いするとき	迷惑かと存じますが　おさしつかえなければ　お手数をおかけいたしますが
お断りするとき	せっかくでございますが　まことに申し訳ございませんが　あいにくですが

②「命令形」を「依頼形」にする

　威圧的できつく感じるいい方を依頼形にすることによって、相手にソフトな印象で伝えることができます。前述したクッション言葉と一緒に使うと効果的です。

命令形	依頼形
座ってください	お座りいただけませんでしょうか
待ってください	お待ちいただけませんでしょうか
タバコを吸わないでください	おタバコはお控え願えませんでしょうか

　皆さんが日常的に使っている言葉にはビジネスシーンでは必ずしも適切でないものもあります。

【演習6：失礼のない印象がよくなる言葉に言いかえてみましょう（個人）】

結構　　→	たぶん→
共感した→	真逆　　→
感心した→	すごく→
なるべく→	はまる→

⑧ ▶第一印象もマナーのひとつ

　人はもちろん「中身が大事」ですが、ビジネスでは「第一印象（見た目の印象）」が重要視されることがあります。第一印象とは初対面の相手に与える最初の印象です。相手に対する尊敬の念や意欲など、相手に対して失礼のない、不快な印象を与えないなどの気持ちで接することが大切です。第一印象が悪いとその後のビジネスにつながらないケースも出てきます。お付き合いしていくうちに第一印象が良くも悪くも変わることもあります

が、第一印象でビジネスチャンス
がなくなるのは避けたいところで
す。

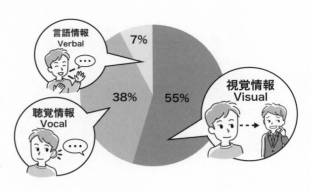

　したがって「伝える中身（メッ
セージ）」も大事ですが、「伝え方
（相手に与える第一印象）」はもっ
と重要です。

　「人と人が直接顔を合わせる対
人コミュニケーションでは、見た
目（第一印象）が重要」説で知られる米国の心理学者、アルバート・メラビアン（Albert
Mehrabian）は、「非言語コミュニケーション調査」で、大切な３つの要素（言語・声の
トーン・身体言語）に注目しました。

　メラビアンは「話される（伝える）言葉」は、言葉の使い方（言語）、話し方（声の
トーン）、話しぶり（身体言語）によって、自分が「伝える」言葉がメッセージ伝達され
る、相手に「伝わる」話し手の第一印象に占める割合が、言語情報（Verbal）が７％、聴
覚情報（Vocal）が38％、視覚情報（Visual）が55％であったことから、「見た目（第一
印象）」の重要性を指摘しました。ただ現在では第一印象を重要視する傾向が強まり、視
覚情報の重要性が高まっています。第一印象はビジネスに臨む姿勢や意欲が表れるからで
す。

図表６-２　メラビアンの法則

項目	割合	内容
視覚情報（Visual）	55％	しぐさ、表情、視線、身振り・手振り、身だしなみ、服装、ヘアスタイル、動作、姿勢、距離感（パーソナルディスタンス）など
聴覚情報（Vocal）	38％	話し方、声のトーン・大きさ・スピード（速さ）・質、テンポ、呼吸、間のとり方など
言語情報（Verbal）	７％	言葉遣い、話の中身（内容）など

　第一印象で良い印象を残らせるように、図表６-２の３項目について、「内容」をもと
に改善事項をセルフチェックしてみてください。

【演習７：３つの情報についてのセルフチェック（個人）】

項目	改善事項
視覚情報（Visual）	
聴覚情報（Vocal）	

言語情報（Verbal）	

〈参考文献〉
鈴木賞子（2007）『マナー』ポスティコーポレーション。

Column

「何を学んでいるのだろうか」

　これはある茶道教室の先生の心の嘆きです。その教室では、社会人として特にマナーが求められるキャビンアテンダント、ホテル業界のビジネスパーソンなどが茶道を習っているそうです。そこで学ぶ方々は大変優秀で、すぐにお点前なども覚えてくれるそうです。しかし、教室が終わるとき、先生はいつもがっかりして、「いったい何を学んでいるのだろうか」と心の嘆きが続くそうです。

　教室が終わると、マナーも忘れ、こぞって玄関に急ぐそうです。皆さん早く帰りたいようで、先生がご自宅で教えているためその玄関が混雑するそうです。そこで我先にとマナーも忘れ、玄関に向かってまっしぐら……。

　これではおもてなしの心を身につけた状態とはいえませんね。仕事もあって、朝も早かったり、疲れて早く帰宅したいという気持ちは理解できますが、それはきっと全員に共通することでしょう。ここでは茶道を形から入るのではなくお客さまへの誠意を尽くし、おもてなしをする心や思いやりを身につけることが目的のはずです。おもてなしの心自体は見えないかもしれませんが、実はこうした玄関先での無作法な振舞いに表出してしまっているともいえそうです。

　就職活動でも面接の受け答えは上手にできても、セミナー会場で消しゴムのかすをそのままにしたり、いすを机に入れず帰ったりする人も多いそうです。面接会場だけが見られている場ではありません。気持ちや心構えは行動に表われます。常に意識して行動しましょう。

就業に求められる能力・スキル
組織で働く際に求められることとは

　皆さんのスマートフォンには、たくさんのアプリがインストールされていることと思います。しかし、どれだけすぐれたアプリであっても、それを起動させる OS が脆弱であれば、それらのアプリも期待どおりの機能を発揮することはできません。つまり、働くうえでの基盤となる、いわば OS 部分の習得が本 Chapter での学びとなります。どれだけ複数の資格を取得し、語学力を高めても、OS として基本的な能力が不足していれば、やはりスマートフォン同様、ビジネスシーンでその能力を十分に発揮することはできません。就業にあたっての OS 部分であるとの認識をもって、本 Chapter に取り組んでください。

> **この Chapter の到達目標**
>
> □組織で働くときに求められる能力・スキルを理解したうえで、自己課題を発見し、自ら改善に取り組むことができる。
>
> □「社会人基礎力」について理解したうえで、自分自身の課題を発見し、自ら改善に取り組むことができる。

1 ▶ 企業が求める人材

　企業の人事担当者100名程にインタビューしたことがあります。大手企業から中堅・中小企業まで規模や業種はさまざまでしたが、人事担当者に「どのような学生を採用したいですか」と質問すると、「ユニークな発想ができる人」「好奇心旺盛な人」など、さまざまな解答が返ってきますが、**「物怖じしないで自分の意見を述べることができる」「知恵を絞ることができる」「元気で明るい」**ということは共通していました。つまり、企業は学生の皆さんに決して難しいことを要求しているわけではありません。

　たとえば、現時点で「人と話をするのが苦手だけど、それも自分の持ち味」と思っているとします。確かに大学生活ではあまり支障がないかもしれません。しかし、就職活動の面接などで自分の意見が伝わらず悔しい思いをして、「もっと早く苦手なことを克服しておけば良かった」と後悔している先輩はたくさんいます。大学生活を通して少し努力して行動に移してみれば苦手なことも徐々に克服していくことができます。自分のできることを増やすことが大事で、それはやがて自分の財産となります。

　多くの調査会社が実施している結果も含め、「企業が求める人材像」をまとめてみると、およそ次の10項目に集約されます。これは学生生活を通して身につけることができ

る力だと考えられます。

---

①責任感、誠実さ　②目標に向かい粘り強くやりきる　③対応力がある　④ストレス耐性が高い　⑤チャレンジ精神、実行力　⑥考え抜く習慣　⑦前向きで高い向上心　⑧他者を理解し尊重するコミュニケーション力　⑨主体性　⑩表現力

---

①責任感、誠実さ

　組織で働く人には、仕事に直接関わるスキル・知識だけでなく「誠実さ」が求められます。組織における仕事にはそれぞれ役割や目的があり、それに責任が伴います。責任とは仕事における成果です。そのため、ビジネスにおいても誠実に仕事に取り組むことが基本といえます。

　誠実さとは私利私欲を交えず、真心をもって人や物事に対することです。誰も見ていなくても、仕事のために正しく行動できる人が誠実な人といえるでしょう。

　誠実さとしてビジネスにおいては、次のような行動が期待されます。

- ・自分に誤りがあれば素直に認め、謝罪する
- ・自分の損得ではなく、正しいかどうかを基準に行動する
- ・他者の陰口をいわない
- ・自分の行動に対して責任を持つ
- ・些細なことでも感謝の念を持ち、相手に謝意を伝える

---

②目標に向かい粘り強くやりきる

　学生時代の自己責任とは異なり、会社や組織のなかで自分に与えられる仕事では必ず期日までに成果をあげていかなければなりません。言い換えれば、成果が出るまで粘り強く取り組まなければなりません。

　目標を達成するためにはスケジュールを確認し、計画を立て方法を考え、その計画を日々の活動に落とし込み、取り組んでいきます。しかし、想定外のことが起きたり、飛び込みの仕事も当然入ってきます。また、取引先からの納期や仕様・条件の変更などもあるでしょう。こうしたことにも、柔軟に対応できる余力が求められます。

　さまざまなことを想定し対策を考えたり、準備しておかないと、最後までやりきることは難しいでしょう。学習・研究、課外活動など、何でも良いので計画を立て、進行管理をしながら最後まで計画的に進める経験をしてみてください。そのためには、次のような能力が求められます。

- ・その仕事にかかる時間を見積ることができる

・飛び込み、想定外のことも想定した計画立案ができ、柔軟に対応できる

・進行管理ができる

・最後まで計画的にやりきる意思と自己管理能力

さて、ここで「時間の見積り」に関する演習をおこないます。本を読むのにかかる時間、何かを覚えるのにかかる時間など、認識していますか。知っていると、時間の見積りが正確になります。このテキストは1Chapterあたり、15ページ前後で構成されています。どのChapterでも構いません。どこかのChapterを読み、それをノートに要約してみてください。読解から要約までにどの程度の時間がかかるでしょうか。時間を測りながら取り組んでみてください。語彙力が増したり、慣れてくるとかかる時間が短縮されて自分の成長を確認できます。

【演習1：読解・ノート整理に要する時間の把握（個人）】

取り組むChapter	
読解に要した時間	
ノート整理に要した時間	

③対応力がある

　対応力は採用選考においても重要視されることが多い要素です。皆さんもアルバイトなどをしていれば気づいていると思いますが、仕事は想定外のことの連続です。何らかのミスや変更で想定外のことが起きることもあります。こうしたことにも、柔軟性をもって落ち着いて対策を打ち出し、仕事を進めていかなければなりません。また、日本企業では、異動や転勤、ジョブローテーションがあります。総合職として入社して、営業職に就いて配属エリアが変わることもありますし、経理・財務、総務などの管理部門に異動になることもあります。異動やジョブローテーションや転勤は必要性があるからおこなわれます。しかし、それまでの環境が変わることは、働く人にとってはややストレスかもしれません。それでも組織で働く以上、新たな仕事に速やかに慣れていかなければなりません。だから対応力が重要なのです。対応力があるということは、想定外のことも、ストレスを感じることなく、落ち着いて対応できるということです。その意味では、次の「④ストレス耐性」にも関わることです。面倒なこと、人が嫌がることを買って出ることは、中長期の視点で考えれば、こうした能力を育成していることになるわけです。

④ストレス耐性が高い

　多くの企業にて、定年延長が進められています。65歳まで働くとすると、皆さんは40年以上働くことになるわけです。そのなかでは、苦手な仕事もあるでしょうし、気の合わない人とチームを組むこともあると思います。そうしたことが強いストレスになるようで

は、継続的に集中して仕事に取り組むことは難しくなってしまいます。また、苛立ちを職場の人にまき散らしたり、取引先やお客さまに不愉快そうに応対したりするようでは、会社のイメージダウンにつながり売上にも影響してしまいます。異なる価値観のなかでチームを組むわけですから、大なり小なりストレスとは付き合っていかなければなりません。つまり、上手に気分転換できるかどうかがポイントになります。あなたの上手な気分転換法や趣味は何ですか。就職活動における履歴書やエントリーシートなどには、「趣味・特技」などを記入する欄があります。これは意外性を知ると同時にストレスに対して、上手に気分転換できる方法を持っているかどうかを確認したいという意図もあります。単純に「読書」「映画鑑賞」などと書くのではなく、愛読書、好きなジャンル、作家などまで書いて、没頭できるものがあるということが伝われば人事担当者も安心するかもしれません。伝えないとわからない意外な自分を伝えるチャンスでもあります。

　では、時間も忘れて没頭できるものを具体的にあげてみてください。

【演習2：没頭できる趣味・特技（個人）】

---

⑤チャレンジ精神、実行力

　就職活動における学生の安定志向は毎年顕著です。特に大手企業は安定しているイメージがあるので、毎年たくさんの応募があります。しかし、新たな事業を立ちあげたり、海外に新たなマーケットを拡大しない限り、企業は事業規模を拡大できません。企業は新しいことにチャレンジするから成長できるのです。こうした企業のチャレンジを支えるのが、社員一人ひとりのチャレンジ精神です。全員が保守的で、失敗を恐れていたら、新たな商品・サービスは生まれません。多くの失敗をしながらも、ヒット商品を生み出しているのです。一つのヒット商品が世の中に出るまでには多くの失敗、試行錯誤があると思われます。こうした失敗にも屈することなく、挑戦しつづける人材が求められています。安定志向を否定するものではありませんが、全員が安定志向ではやはり企業は成長し続けることもできません。

　家業の紳士服店を継いで、カジュアルウエアのトップ企業へと成長を遂げた「ユニクロ」のブランドで有名な株式会社ファーストリテイリングの創業者である柳井正氏の著書『一勝九敗』（2006年、新潮社）には、数々の失敗の歴史が述べられています。つまり、それだけのチャレンジをしているということです。

　学生時代は失敗を恐れずにチャレンジしてみましょう。失敗してもいいのです。大学は「失敗力」を鍛える場所ともいえます。何もしなければ失敗することはありません。失敗は何か行動した結果なのです。

　失敗といえば、掃除機で有名になったジェームズ・ダイソン氏も失敗記録の持ち主です。彼はサイクロン式掃除機の開発にあたり、5,126回もの失敗をしたそうです。そして、こんなことを述べています。「学校では、いちばん多く失敗し乗り越えた人に、最高点をあげるべきだと思う」と。

　しかし、何にチャレンジしていいかわからないと思っている人も多いでしょう。特別なこと、大きなことを求めているわけではなく、大切なことは、やったことのないことに挑戦することで**「経験知」**を増やすということです。たとえば、「今週は1週間の授業で10回以上発言する」「アルバイトで店長の許可を得て販促チラシを作って配付してみる」など、どのようなことでもよいのです。目的はしたことのないことに挑戦することで「経験知」を増やすということです。一所懸命準備して取り組んでも失敗することもあります。その場合には何かが「不足」していることが多いものです。その不足を認識して補えば、うまくいく可能性はアップします。失敗から学ぶとはそういうことです。

　それでは、失敗について考えてみましょう。

【演習3：失敗の原因となる「不足」について考えてみる（個人）】

失敗したこと	不足していたこと

　失敗の原因が何かの不足だと気づいたら、次のチャレンジでは補いましょう。

⑥考え抜く習慣

　ビジネスそのものが何か困っていることや問題を解決することです。仕事を進める途中でもさまざまな問題が起こります。その状況下で自分は何をすべきか常に考え抜いて行動することが求められます。知恵を絞るのです。皆さんもアルバイトや部・サークル活動などでそのような状況を経験したことがあるかもしれません。

　よく考えて行動に移す、知恵を絞ること、実はこれらは全て習慣なのです。考えすぎて行動に移せないのも困りますが、これらの思考習慣は自分を成長させます。「なぜだろう？」と思ったら、仮説を立てて調べてみたり現場に行って自分の目で確認してみるなど、できることがたくさんあります。

　たとえば、アルバイト先で、「なぜ、商品を手にとったのに購入されるお客さまと購入

されないお客さまがいるのだろう」と思ったとき、どうすれば購入していただけるのかを考えることです。こうしたことを習慣にしてほしいのです。

　皆さんの日常に**「なんでだろう？」「どうすれば…」**を定着させると習慣化でき、調べてさまざまなことを知ると自分の知識も増えて楽しくなるかもしれません。

　ここでの演習はどんなことでも構いません。身近な「なんでだろう？」をあげてみてください。そして同時に、それを解決するための解説策（「どうすれば…」）も考えてください。場当たり的に思い出すのではなく、活動項目を分けることです。「大学・学業」「電車・バスでの移動中」「部・サークル活動」「アルバイト」など、分けると思い出しやすくなります。

　「社員さんが忙しくてなかなか仕事を教えてくれない」といったアルバイト先での困りごとがあるかもしれません。アルバイトでも社員の一員として働いているので「教えてくれない」と不満を言っても進歩はありません。前向きな向上心があれば、「何時頃でしたら教えていただけますか」と尋ねることができます。つまり、ちょっとした意識の違いが大きな成果の差を生むのです。「なかなか話せない」「不愛想で怖い」など、自分の理由・事情もあるかもしれませんが、「他責化に成長なし」ということを覚えておいてください。

【演習4：身近な「なんでだろう？」を振り返る（個人）】

なんでだろう？	どうすれば…

　「なんでだろう？」と考え「どうすれば…」と解決策を考え行動に移すことで自分の経験知が増えます。解決する方法もひとつではなく、複数の方法が見つかるかもしれません。考えて行動する。行動すれば結果が出るのでそれを振り返る。こうした繰り返しの習慣が大切なのです。

⑦前向きで高い向上心

　さまざなことに興味・関心を持ち、好奇心旺盛に行動することは、企業にとって新しいビジネスを創造するうえで大切な思考・姿勢です。自分に与えられた仕事で自分の能力を生かして成果を出さなければなりません。与えられた環境の中で他の皆さんと協力して一所懸命に役割責任を果たすことが大事です。

　誰でも、好きなことには前向きに取り組むことができるでしょう。しかし、仕事では、苦手なことや好きではないことでも、向上心を持って取り組まないと、成果を出すことができません。どのようなことも「考え方しだい」なのです。

　さて、「嫌だなあ」「やりたくないなあ」と思っていることを取りあげてみてください。そして、それを前向きに受け止められる考え方に転換してみてください。「いつもわたしがゴミ出しなど、嫌な仕事をしているなあ」から「体力がつくぞ」「職場がきれいになるぞ」と前向きな思考に転換してみてください。

【演習5：苦手なことを前向きな思考に転換する（個人⇒グループ）】

嫌だと思っていること	前向き思考への転換

⑧他者を理解し尊重するコミュニケーション力

　Chapter 6 ではコミュニケーションの重要性を説明しました。企業に限らずさまざまな職場で共通して重要視されているのがコミュニケーション力です。人は価値観や考え、経験・キャリアなど異なるとお伝えしました。コミュニケーションは自分と他者との間に存在します。多くの人と関わって仕事をするためには、他者の考えや価値観などを知り尊重し、お互いが理解を深めていくことが大事です。コミュニケーションの基本は他者を理解し尊重することにあります。マナーの実践も相手への敬意です。認める・尊重することで自分にない発想や経験を知り、自分のアイデアなどを更に発展させることができます。

　最近、ダイバーシティ（多様性）ということがしばしばいわれています。ダイバーシティ（多様性）とは、さまざまな社会、民族的背景、性別、信仰・宗教、障がいなど、それぞれの人々が持つ多種多様なバックグラウンドのことです。そして、こうした個々人の違いを認め合い、尊重し合うことを指します。グローバル化の進展で企業も多様な人材の確保に動いています。皆さんの上司や先輩後輩が外国人ということも日常的にあり得ます。この先、こうした多様性を受け容れていくことが特に求められる時代なのです。多様

性から学べることも多く、自分の成長にもつながるかもしれません。

⑨主体性

　主体性の解釈は幅広く、様々な捉え方がありますが、社会においては引き受けたことに対して、自分の判断や考えをもとに責任を持って選択したり方法を考えたりして成果を出すこと、といえます。

　そして大学生活のさまざまな場面で身につけることも可能です。学びの場である授業では予習・復習で理解を深めたり、更に調べて知識を増やすこともできます。場合によっては先生に質問したり、更に学びを深める方法を訊いて行動に移すこともできます。ゼミ活動でも自分の研究テーマに沿って主体的に取り組むことも可能です。

　部・サークル活動やアルバイトでも周囲の状況を見ながら与えられた自分の役割を果たすことでも主体性は身につきます。

　主体性とは、自分だけの考えで行動することではなく、周囲や自分に関わる人の状況を踏まえ、自分の役割を果たすために判断して行動することなのです。

⑩表現力

　どのような仕事でも、対話は欠かせません。書類作成、プレゼンテーション、ミーティング、上司への報告・連絡・相談（ホウレンソウ）など、あらゆる場面で、文書や口頭での表現力が求められます。こうしたことは大学でのノートテイク、レポート作成などでも、トレーニングできます。また、キャリア系の授業でのグループ討議などでも、演習できます。こうした大学での学びが将来の仕事の基盤づくりに関わっているということを忘れないでください。

　さて、ここで演習です。あなたが、伝えることを練習できる機会・場面などを書き出してみてください。授業、アルバイト先など、トレーニングできる機会があると思います。

【演習６：伝えることを練習できる機会・場面（個人）】

ことばで伝える機会・場面	文書で伝える機会・場面

　このような機会は将来のためにも、有効なものです。積極的に発信し、振り返りを大切にしてください。

２ ▶「社会人基礎力」を身につける

（1）社会人基礎力とは

　「社会人基礎力」とは、「前に踏み出す力」、「考え抜く力」、「チームで働く力」の３つ

の能力（12の能力要素）から構成されており（図表7-1参照）、「職場や地域社会で多様な人々と仕事をしていくために必要な基礎的な力」として、経済産業省が2006年に提唱したものです。企業・団体等が学生に求める能力として、「社会人基礎力」があります。

　こうした3つの能力を学生時代に、どのようにして開発していきますか。方法と期間を具体的に書いてみましょう。そして、自分で設定したスケジュールで成果と振り返りをしましょう。

図表7-1　社会人基礎力

出所：経済産業省「人生100年時代の社会人基礎力」P.2

【演習7：3つの能力を育成するためにチャレンジすること（個人）】

3つの能力	上段：方法 下段：成果と振り返り	期間
前に踏み出す力		
考え抜く力		

チームで働く力		

(2)社会人基礎力に対する認識の違い

　図表7‒2は、経済産業省が2009年に実施した『大学生の「社会人観」の把握と「社会人基礎力」の認知度向上実証に関する調査』から、「企業が学生に不足していると思う能力要素」と「学生自身が自分に不足していると思う能力要素」を調べた結果です。

　このように企業側が「学生に求める能力要素」と学生が「企業から求められていると考えている能力要素」及びその水準には、大きなギャップが存在します。

企業側は学生に対し、「主体性」「粘り強さ」「コミュニケーション力」といった内面的な基本能力の不足を感じている。

それに対して学生は、技術・スキル系の能力要素が不足していると考えている。

　このギャップはお互いの期待水準の違いと思われます。学生は、「主体性」「粘り強さ」

図表7‒2　自分／学生に不足していると思う能力要素

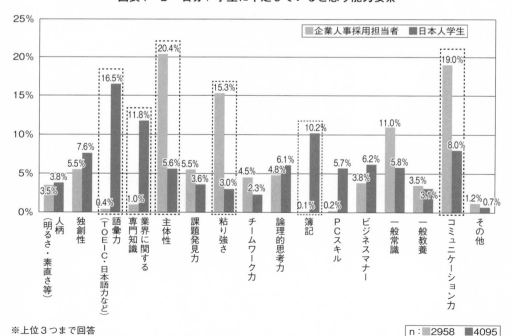

※上位3つまで回答

n：2958　4095

出所：経済産業省（2009）『大学生の「社会人観」の把握と「社会基礎力」の認知度向上実証に関する調査』

「コミュニケーション力」といった能力は十分に兼ね備えていると認識していますが、企業が期待する水準には到達していないと思われます。

　また、「語彙力」「PC スキル」「簿記」などの資格に対する考えにも、企業側と学生で大きな隔たりがあります。学生はこうした資格を取得しておけば、就職活動にも有利と考える傾向があります。しかし、企業側にしてみれば資格は、自社の仕事に必要な資格は入社後学習・取得してくれればいいと思っているわけです。つまり、先ほどのような内面的な基礎能力の育成には時間がかかるので、採用時に一定の能力を求めてくるということです。

　それでは、演習です。企業と学生にて、その到達水準が異なる「主体性」「粘り強さ」「コミュニケーション力」について、考えていきましょう。これら３つの能力について、取り組んだことを具体的に述べてください。テキストを参考に企業の水準を考えたうえで書いてください。具体的に書ける水準に達していない場合には、いつまでに（期限）、どのような場面で取り組むかをメモして行動に移してください。

【演習 8 ：具体的な取り組み内容（個人）】

項目	具体的な取り組み内容
主体性	
粘り強さ	
コミュニケーション力	

　あまり難しく考えずこれまでの部・サークル活動、アルバイトなどの経験を思い出して書き出してみましょう。そして実行してください。

　最後に、「主体性」について補足しておきます。もしあなたが「もっと主体的に動いて！」といわれたら、具体的にどのように動けばいいのか、わかりますか。ここは主体性について、次のように定義づけ、声明します。

　「主体性：気づいたことをスピーディに行動に移す」と定義します。それでは、気づくため、行動に移すためには、それぞれ何が必要でしょうか。気づくためには「観察」が必要ですし、それを速やかに行動に移すためには、「勇気」が要ると思われます。主体性はやや多義的な解釈が考えられそうなので、定義づけてみました。また、主体性とは、課外活動等での華々しい活動成果を求めているわけではありません。日常で気づいたことを行動に移していってほしいということだけです。

Column

アルバイト経験の中で学んだ「責任」の意味

　大学に入学して、ある学生が初めてアルバイトを始めた経験のお話です。どのようなアルバイトをするのか迷って、結局大好きなアイスクリームショップでアルバイトをすることになり喜んでいました。よほど嬉しかったのでしょう。大好きなお店で接客ができるのですから当然です。

　アルバイトの初日に任された仕事は、接客ではなくアイスクリームを作る機械の掃除でした。指示された通りに掃除をしましたが、緊張のあまり高額なアイスクリームのタネをミスで無駄にしてしまいました。そのとき、とっさに「責任をとならければ……」と思い、現場の責任者である店長に「責任をとって弁償して辞めます」と伝えたそうです。すると店長から「辞めることは責任をとることではなく、放棄と同じ」だと言われました。「責任をとるということは、失敗から学び同じミスをしないように今後の仕事に生かし、自分が担当する仕事で貢献すること」という店長の言葉が心に響き、その後は新しく入って来る後輩のアルバイト生に自分の失敗の経験を伝え、一所懸命に仕事に取り組んでいます。接客も評判が良く、常連客との会話を楽しむ余裕もできたそうです。

　その店長のことばも心に響きますが、その学生も何事にも誠実に取り組む姿勢があったので、その姿勢も店長に伝わっていたのだと思います。来店するお客さまから見ればお店にいるスタッフは全員が正社員です。その学生はアルバイトの経験で「本当の責任」を理解し、仕事を通してその責任を果たしています。貴重な経験です。たとえアルバイトでも、誰か（職場の方やお客さまなど）が見ているし関わっています。自分の取り組み、気持ち次第で得られるものがたくさんあるのです。

卒業後の働き方を考える

雇用形態・業界・職種を理解するには

　本 Chapter の目的は企業理解です。企業の活動目的、雇用（労働）形態、職種、業界業態などについての理解を深めていきます。ここでの学びは、職業選択に役立ちます。現在は多様な選択肢のなかから行きたい企業を選ぶことができます。働きたい業界、就きたい職種などを自由に選び採用選考に臨むことができます。しかし、選択肢が多いからこそ、選ぶのも難しいかもしれません。

　自己理解、企業理解、双方の理解がなければ、最適な就職先を見つけることは難しいでしょう。自分のキャリア形成を考えるとき、自己理解、企業理解（社会理解）の双方を並行して進めることが大事です。自分の興味があることから視野を広げて企業・業界研究に取り組んでください。

この Chapter の到達目標

□企業の活動目的、仕組み等を理解する。
□雇用（労働）形態について理解する。
□職種・業界についての理解を深め、「自分の軸」をつくることができる。

---

1 ▶企業を知るための演習

　これまでわたしたちは、商品やサービスを提供される「消費者」として企業と関わってきました。ここでは「企業とは何か」を知るために「生産者」の立場で、企業を考えてみることにしましょう。まずはあなたの知っている「企業名」を記入してください。そのあと、グループに分かれてお互いに共有してみてください。

【演習１：知っている企業名をあげる（個人⇒グループ）】

　さて、何社くらいあげることができましたか。日常生活を時系列でたどり、朝起きてからの流れで、スマホの通信キャリア、製造メーカーなどから、朝食の牛乳、鉄道会社、筆記用具のメーカーなどを思い浮かべたり、何か好きな趣味の道具などに特化して書き出したという人もいるでしょう。ここで注目しておきたいのは、皆さんがあげた企業の特徴です。このあと、企業の分け方として「Business to Business（BtoB）」と「Business to Consumer（BtoC）」を学びますが、どちらかというと「BtoC」企業が多いのではないかと思います（「BtoB」と「BtoC」については、次の2節で詳しく学びます）。

　また、企業名を正しく覚えていないことも多いかと思います。「株式会社」などの法人格を含めて正式な企業名を覚えることを習慣化しましょう。

2 ▶ 企業活動を知る

　学生の皆さんにとって、企業活動が「どのようにおこなわれているか」をイメージすることは難しいかもしれません。こうして、テキストで企業について学んでも、「実際に働いてみないとよくわからない」という声も聞こえてきそうです。卒業後、多くの人が企業組織で働くことになるかと思います。そこには大学とは異なるルールがあります。こうしたことを知らないと、就職活動やインターンシップによる企業訪問などで有意義な質問ができなかったり、せっかく説明会に参加しても予備知識がないため、理解できないといったことになりかねません。

(1)企業とその活動目的

　企業は営利を目的とし、継続的に生産・販売・サービスなどの経済活動をおこなう組織体のことを指します。通常は「会社」などと呼ばれることもありますが、企業には公企業（特殊法人、独立行政法人など）、私企業（合名会社・合資会社・合同会社・株式会社、一般社団法人・一般財団法人など）があり、一般的には、私企業のなかの会社を指します。そして、会社のなかでも、もっとも一般的なのが株式会社です。株式会社は、株式を発行しその株式を出資者に販売することで資金を集めて経営をおこなう会社のことです。

　企業は自社の商品・サービスを取引企業、あるいは顧客に提供し、売上を得ます。そして、従業員に給与を支払い、株主に配当を出し（株式会社の場合）、法人税等の税金を支払っています。さらに、地域社会でもさまざまな貢献活動をおこなっています。企業活動において大量に紙を消費する企業が植林活動をしたり、スーパー、百貨店が地元で地域活性化のためのイベントに参加したり協賛するのも、企業が社会的責任を果たすべくおこなっている活動のひとつといえます。また、コンサートホールの運営やスポーツ振興などは地域に限らず幅広い社会貢献といえます。

　このように、企業は、直接・間接的に利害関係を有する者（ステークホルダー）に対して、次のような活動を通して、その役割・責任を果たしています。

ステークホルダー	企業が寄与していること
顧客取引先	商品・サービスを提供
従業員	給与を支払い、従業員とその家族の生活の安定を確保
株　　主	配当の支払い（株主・出資者に利益の分配をおこなう）
地域社会	税金を納める、地域イベントの企画・参加、公益活動など

（2）企業にとっての「顧客」を考える

　ここでは、企業を、商品・サービスの「取引先（顧客）」の違いによって分類してみます。BtoB、BtoC という言い方をしますが、前述したように B は Business で「企業」を意味し、BtoB とは「企業間取引」を中心に法人向けに事業をおこなっている企業のことを表します。すなわち、企業が企業を対象に取引をおこなう事業形態であり、代表例としては、原材料や部品など納品するなどがこれにあたります。C は Consumer で「消費者」を意味し、BtoC 企業とは「企業と消費者の取引」を表します。企業と消費者との間で、直接、商品やサービスの売買がおこなわれます。そのため、皆さんにとっては、身近で馴染み深いのは、BtoC 企業だと思います。【演習 1】の解答をご覧ください。どちらかいえば、BtoC 企業が多いのではないでしょうか。

　BtoB 企業にて身近なものでは、たとえば intel（インテル）があります。必ずパソコンに搭載されるパソコンの頭脳とも言える CPU の製造において世界トップの企業です。そのほか、メーカー（製造業）や総合商社、コンサルティング業も BtoB 企業です。

　BtoC 企業としては、Amazon や楽天、ZOZOTOWN のような EC 事業（インターネット通信販売）が有名です。利用したことがある人も多いかもしれませんが、わざわざお店まで行かなくても、自宅や通勤・通学途中でも買い物ができてしまうという利便性があります。

　そのほか、CtoC といったビジネスモデルも登場しています。Consumer to Consumer の略で、主にインターネットを介して、個人が個人にモノやサービスを提供するモデルです。たとえば、メルカリやヤフーオークションなどがあげられます。インターネットの普

図表 8-1　B to B 企業と B to C 企業

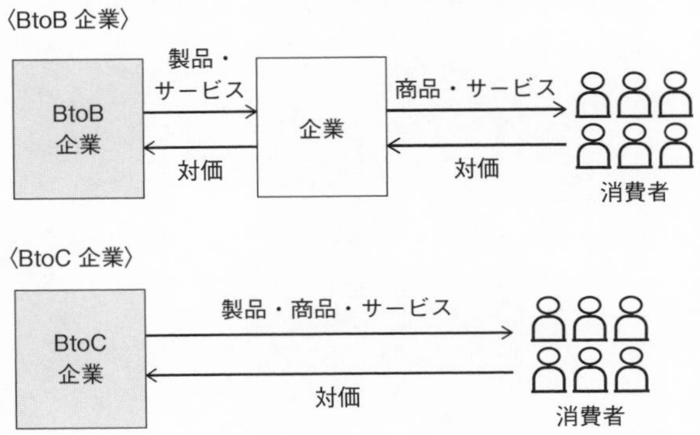

及で仲介業者なしに消費者同士が直接売買できるプラットフォームが生まれ、急伸した企業です。このようなプラットフォームを運営する企業は、手数料を利用者から得ることで利益をあげています。

〈「B to B」と「B to C」取引における商品・サービスの例〉

法人向製品・サービス（B to B）	個人向商品・サービス（B to C）
・燃料、エネルギー ・製造設備機械、電線 ・航空機、鉄道車両 ・鉄鋼、金属、非鉄金属 ・半導体、電子・電気部品	・不動産 ・金融商品（株、保険など） ・自動車、オートバイ ・家具、生活家電 ・衣料品、服飾品 ・食品、日用品

「製品」とはメーカーが自社で直接造っているモノで、「商品」とは自社で造らず、他社が造ったモノを仕入れて販売する場合に使うことばです。

BtoB、BtoC の違いを整理すると、次のようになります。あくまで一般論ですが、就職活動をおこなううえでは、重要なことですから、知っておいてください。

図表8-2　BtoB 企業と BtoC 企業の違い

BtoB 企業	BtoC 企業
大手企業なら知っている企業も多いが中堅企業も多い。BtoC 企業に比べると、知名度が低い。	知名度の高い企業が多い。実際に商品を使った経験があったりするため BtoC 企業は親近感が湧きやすい。
資本の大きな企業との継続的取引がおこなわれるので、経営基盤が安定している企業が多い。名前も知られていない BtoB 企業でも、特定のジャンルにおいて世界最大のシェアを獲得しているというケースも珍しくない。	企業活動がわかりやすい。消費者がお店に並んで商品を手に取る姿を見たり、商品の感想を周囲の人から直接聞けたりと、人々の生活を支えているという実感を得やすい。

ここでは具体例で説明します。「今日は焼肉にしよう」と思ったら、通常はスーパーマーケット、もしくは精肉店に行くと思います。しかし、実際の精肉は牧場から多くの工程や企業を経てスーパーマーケットに届きます。直接買い付けをすることもありますが、わたしたちが直接牧場に行くことはありません。

牧場からスーパーマーケットに精肉が届くまでの工程・業界、関わっている仕事などをあげられる限り、あげてみてください。

【演習２：牧場からスーパーに精肉が届くまでの工程（グループ）】

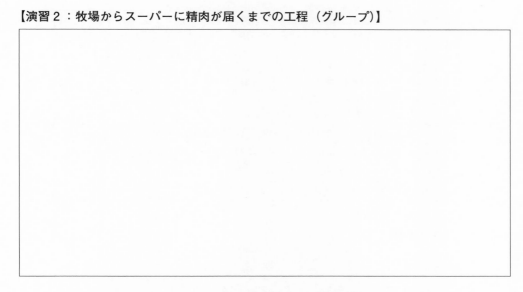

　ここで学んでほしいことは、BtoB企業への視野の拡大です。どうしても、わたしたち
は自分が知っている、馴染みのある企業を中心に考えてしまいますが、演習でわかったよ
うに、わたしたちの見えないところで暮らしを支えてくれているのが、BtoB企業なのです。知名度だけにとらわれず、BtoB企業にも関心を持つことで、自分自身の職業選択の
幅も広がります。

（3）企業に関する数字を学ぶ

　企業活動の状態を数字で表した表を財務諸表と呼び、「損益計算書」と「貸借対照表」
と「キャッシュフロー計算書」の３つがあります。この数字の読み方を知ることは、企
業情報を読み込む際に大変役立ちます。ここでは、企業活動の成果に関する重要な数字、
および用語について学びます。

図表8-3　売上・利益に関する用語

○売上・利益に関する用語（損益計算書）	
売　上　高	企業の仕事量を示すもので、１年間でどれだけの商取引があったのか示す数字、商品・サービスなどを販売、または提供することによって得られた営業収入
売 上 原 価	商品の売上に対応する仕入価格、または製造に要した費用 　　例：原材料、製造費等
売上総利益	商品・サービスを提供した結果、生み出した利益 （売上高から、売上原価を引いた金額）
販売費及び 一般管理費	商品やサービス等、売上を得るために使っている費用、および、企業活動を計画通りおこなうための管理にかかる費用
営 業 利 益	企業の営業活動から発生する利益 （売上総利益から販売費及び一般管理費を引いた金額）

経常利益	営業活動以外も含めた事業から得られる利益 （営業利益から家賃収入・金利収入、為替変動による利益などを足し、銀行借入の支払利息などを引く）
税引前 当期純利益	臨時で発生した利益や損失を含めて算出した利益 （経常利益に特別利益を足し、特別損失を引いた利益）
当期 純利益	会社が1年間で稼ぎ出した最終的な利益 （税引前当期純利益から税金を引いた利益）
○資本に関する用語（貸借対照表）	
資産	現金、金銭債権や土地建物など、企業が持っている全ての財産の合計のこと
純資産	会社を運営する場合の元手になる資金
負債	買掛金などの金銭債務、銀行などからの借入金など

〈売上と利益〉

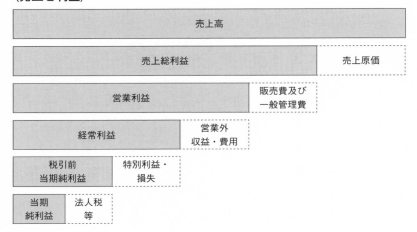

（4）企業組織と企業活動の目的

　企業では、それぞれの部門（部署）が役割をもち、商品・サービスを開発し、提供しています。

　図表8-4のような組織図を作成し、社内の体制を維持しています。

　企業組織は一般に「営業・販売部門」、「総務・人事・経理・法務部門」、さらにメーカーであれば「研究開発・生産部門」などのように業務内容によって各部門に分けられています。

①人事・総務部門の仕事

　人に関わる全般の仕事を担当しています。

人事：採用、配置、人材育成、賃金、人事制度、社員の健康管理など

総務：株主総会の準備・運営、備品類の発注、オフォスビルの維持管理、文書の保存、
　　　社内報の作成、福利厚生など

図表 8 - 4　　メーカーの組織図例

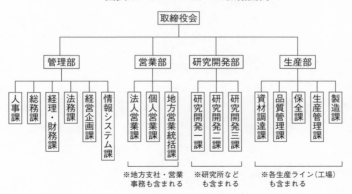

　採用すれば、労働条件の明示、就業規則の説明、社員証の発行、各種保険の手続きなどがあります。また、人事評価の制度設計、給与・賞与や社会保障制度算定なども人事の仕事です。総務は株主総会をはじめ、その企業の対外的な窓口となる部門です。何か新商品を開発し取材依頼があればまず総務で受付することになります。大手企業ではIR室や広報がおこないます。また、エアコンの調子がわるいなどといったことに対応するのも総務です。総務は対外的な仕事から地味な仕事まで多岐に渡っています。人事・総務の仕事内容は企業によって異なります。中小企業では人事と総務を兼務することも多いです。

②製造（生産）部門の仕事

　製造部門は製品企画、生産ライン（工場）、保全、生産管理、購買（資材調達）などに分かれています。それぞれが次のような業務を担当しています。理系出身者が活躍できる仕事が多い。

製品企画：新製品の企画、既存製品の改善

製造（生産）部：実際にものづくりをおこなう

保全：生産ラインの機械設備の維持管理、修理、定期的点検

生産管理：生産計画、生産方法の改良、立案、安定した生産の維持

購買（資材調達）：原材料等の調達

　製造（生産）部門といっても、このように担当する業務は大きく異なります。営業から入ってきた注文、あるいはお客さま相談センターなどに寄せられるクレームなどの情報を受け取り、商品の製造、改良などをおこなっていきます。それぞれの部門がばらばらに動いてしまうと、品質に影響し、生産性もあがりません。その意味で、もっとも連携、チームワークが求められる部門です。

③営業部門の仕事

　企業（法人）や個人に対して製品や商品を PR して購入してもらう仕事です。誰に何をどのような方法で売るのかによって、仕事内容は大きく異なります。営業活動を通して取引先や顧客のニーズもわかります。

④経理・財務部門の仕事

　企業運営の中で売上、支払などのお金の流れ、利益を管理しています。また、決算報告書、年度決算なども、重要な経理の仕事です。あるいは、大きな設備投資などの場合、その資金調達が問題になります。株式の発行（増資）、金融機関からの借り入れ、株式市場への情報公開なども担当します。

（5）規模別企業数

　中小企業庁の基礎データによれば、日本の企業数約358.9万社のうち、中小企業は約357.8万社で、99.7％を占めます。従業者数といった区分でも、約7割を中小企業の従業者が占めます。

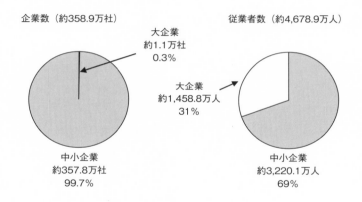

　なお、中小企業とは、中小企業基本法第2条第1項の規定に基づく「中小企業者」をいいます。具体的には次のとおりです。

業　種	中小企業者（下記のいずれかを満たすこと）		うち小規模企業者
	資本金	常時雇用する従業員	常時雇用する従業員
①製造業・建設業・運輸業 　その他の業種（②～④を除く）※	3億円以下	300人以下	20人以下
②卸売業	1億円以下	100人以下	5人以下
③サービス業※	5,000万円以下	100人以下	5人以下
④小売業	5,000万円以下	50人以下	5人以下

※下記業種については、中小企業関連立法における政令に基づき、以下のとおり定めている。

中小企業者】
　①製造業
　　・ゴム製品製造業：資本金３億円以下又は常時雇用する従業員900人以下
　②サービス業
　　・ソフトウェア業・情報処理サービス業：資本金３億円以下又は常時雇用する
【従業員300人以下
　　・旅館業：資本金5,000万円以下又は常時雇用する従業員200人以下
【小規模企業者】
　③サービス業
　　・宿泊業・娯楽業：常時雇用する従業員20人以下

　なお、帝国データバンクの調査によれば、2022年度（2022年４月１日から2023年３月31日）の倒産件数は6,799件（前年度比＋14.9％）でした。単純平均すると、１月あたり566社、１日あたり28社（月20日間で計算）が倒産していることになります。決して少なくない倒産件数です。こうした数値を見ると、皆さんの就職活動においてどれだけ業界・企業研究が重要なのか理解できると思います。

③ ▶ さまざまな雇用（労働）形態・働き方

　社会に出て働くということは、いま皆さんが経験しているアルバイトによる就業（働き方）とは当然異なります。具体的には、役割や求められる責任などが異なってきます。では正社員としての働き方を考えてみましょう。

【演習３：学生のアルバイトと正社員での働き方の違いを整理する（グループ）】

項目	学生のアルバイト	正社員

図表 8 - 5　雇用形態による働き方の違い

雇用区分	内容
正社員	・正社員には原則として「勤務先の会社が存続する限り、不当に解雇されない権利」があり、会社都合による一方的な解雇は法律で禁じられている。定年がある。 ・採用後に「試用期間」を設けている場合がある。試用期間中は「見習い期間」「研修期間」などと別名称で呼ぶ場合もある。 ・最近は「地域限定社員」「短時間正社員」など、勤務地や就業時間を限定するような正社員の雇用形態も出てきている。
契約社員	・期間を限定して雇用される社員。販売職や期間を区切っておこなわれるプロジェクト（事業）や専門性の高い業務をおこなう際などは、正社員ではなく契約社員として採用をおこなうケースが多い。「○年契約で○○○の仕事を担当してもらう」という雇用形態。 ・１年など一定期間で契約をし直すため、「契約更新はおこなわない」と会社側から通告される可能性もある。仕事の成果がシビアに評価される雇用形態。
パートタイム労働者（パート・アルバイト）	・一般的に、正社員よりも短い時間で働くことを前提として採用。 ・一般的に、学校卒業後に正社員として就職をせず、アルバイトのみで生計を立てる若年者をフリーターという。 ・パートやアルバイトのほとんどは時給制のため、仕事内容を時間で区切りやすい単純作業やアシスタント業務が多い。 ・基本的には正社員の指示を受けて働くので、任される仕事には限度がある。そのためアルバイト経験は正式な「職歴」とは見なされない。しかし最近は働きぶりを認められ正社員へステップアップするなどもある。
派遣労働者	・派遣元（派遣会社）に希望する仕事内容で登録し雇用される。 ・給料は派遣元から支払われるが、仕事上の指揮命令は派遣先の会社から受ける（下の図を参照）。 ・業務内容によっては派遣受入期間に制限があったり、派遣が禁止されていたりするものもある。 ・「紹介予定派遣」という、派遣労働者・派遣先の間の雇用関係成立のあっせん（職業紹介）をおこなう（ことを予定している）制度もある。 ・「労働者派遣法」によって同一企業に派遣される年数に制限がある。そのため同じ企業で長く働くことができない。
フリーランス（自営業）	・「フリーランス」は会社を設立しない事業主、「自営業」は会社を設立している事業主を指すが、どちらも「個人事業主」を意味する。 ・フリーランス・自営業は自分が社長という立場で、自分の裁量と責任で仕事をおこなう。 ・独立して事業をおこなうためには、知識・経験・運営資金などが必要となる。 ・企業で働いて、そこで身につけた知識やスキルをいかして独立して専門家、コンサルタントとして仕事をする人もいる。企業からのアウトソーシングで会計・人事・経営・人材育成の分野で活躍する人も多い。

やりがい、給与・待遇、責任などが項目としてあげられたことと思います。皆さんはアルバイトをしていて、何か困ったことがあれば、職場の責任者すなわち社員の人に尋ねると思います。そして、その社員の人の指示にしたがった行動をとることになります。社員の方も指示する以上は当然、責任を伴います。皆さんもアルバイト先で、嫌なこと、辛いこともあると思いますが、正社員の人たちは、売上などの目標に関しても任された大きな責任を負っています。

　さて、就業にあたっては正社員のほか、どのような働き方があるのでしょか。ここでは、雇用形態について、詳しく説明します。「雇用」は企業側が使う言葉で、働き手が使う言葉は「労働」です。

　以上のように、さまざまな雇用形態から選択もできますが、芸術家などの一部の専門職を除けば、実際にはほとんどの学生が正社員としてスタートすることと思います。また、起業する人もいるかもしれません。実際に起業するという学生も増えています。これは会社設立のハードルが下がったことも起因しているでしょう。起業を意識し、友だち同士でいまの社会問題の解決、新たなニーズの開発などを考えることは、就職活動にとっても有益なことです。

④ ▶ 職種・業種・業界・業態とは

（1）職種とは

　職種とは、仕事の種類のことです。企業にはさまざまな仕事があり、お互いに分業して

図表8-6　職種一覧

区分	内容	具体的な仕事
製造系	製品を設計、製造、管理する仕事	開発設計、製造技術、生産管理、品質管理など
研究開発系	製品を研究、開発する仕事	研究開発など
営業系	商品、サービスを売る仕事	法人営業、コンサルティング営業、ルート営業など
企画系	ニーズをつかみ、商品化する仕事	商品企画、販売企画、イベント企画など
広報・宣伝系	会社のイメージアップ、製品や商品をアピールをする仕事	広報・宣伝、販売促進、市場調査、マーケティングなど
販売・接客系	お客さまと直接、接遇・応対する仕事	流通業（百貨店・スーパー等）、サービス業（ホテル・旅行業等）での接客など
管理系	間接部門として、後方でさまざまな支援をおこなう仕事	経理・財務、人事、総務、経営企画、法務・コンプライアンスなど
専門的な仕事	特殊な技術等を求められる仕事	SE（システムエンジニア）、コンサルタント、カウンセラー、編集・校正、記者、パイロットなど

図表 8 - 7　日本標準職業分類（総務省）

大分類	中分類	小分類
Ａ－管理的職業従事者	4	10
Ｂ－専門的・技術的職業従事者	20	91
Ｃ－事務従事者	7	26
Ｄ－販売従事者	3	19
Ｅ－サービス職業従事者	8	32
Ｆ－保安職業従事者	3	11
Ｇ－農林漁業従事者	3	12
Ｈ－生産工程従事者	11	69
Ｉ－輸送・機械運転従事者	5	22
Ｊ－建設・採掘従事者	5	22
Ｋ－運搬・清掃・包装等従事者	4	14
Ｌ－分類不能の職業	1	1
（計）12	74	329

出所：総務省日本標準職業分類（平成21年12月統計基準設定）をもとに引用・作成。

　企業活動をしています。これから、インターンシップ、OBOG訪問などを通して、ビジネスパーソンに会う機会も増えると思います。そんなとき、ある程度の知識があれば、職種を聞いて色々と質問ができ、情報や知識が増えます。職種に関しては概ね次のように区分することができます。

　なお、総務省では、「日本標準職業分類」を策定しています（大分類12項目、中分類74職種、小分類329職種）。職業分類において職業とは、個人がおこなう仕事で、報酬を伴うか又は報酬を目的とするものと定義づけられています。

　さて、現時点で、どのような仕事（職種）に就きたいですか。図表8-6のなかから、選んでみましょう。そして理由も記入してください。

【演習4：就きたい仕事を選ぶ（個人）】

職種	理由

　就きたい仕事は興味を持って調べることができますが、その他の仕事にも興味を持って調べてほしいと思っています。

（2）業界とは

　現代社会は、さまざまな企業が関わり、ときには相互に連携をはかったり、競争するな

図表8-8　代表的な業界

メーカー製造業	農業・林業・鉱業・漁業・酪農畜産	流通・小売	百貨店・スーパー
	建設・土木・住宅・住宅設備インテリア		コンビニ・ドラッグストアチェーン
	水産・食品		専門店・量販店・ホームセンター・総合ショッピングセンター・通信販売など
	素材（素材・加工）・化学	サービス	フードサービス（ファミリーレストラン・コーヒーチェーンなど）
	医薬品・医療関連・化粧品		ホテル・旅行
	紙・パルプ・ゴム・ガラス・セメント・セラミック		エンターテイメント・アミューズメント（テーマパーク・遊園地・スポーツなど）
	鉄鋼・非鉄金属・金属製品		調査・コンサルタント
	機械・プラントエンジニアリング		人材紹介・人材派遣
	電子・電機		学習支援・その他の教育
	自動車・自動車部品・輸送用機器		その他サービス（ブライダル・エステティック・介護・福祉・冠婚葬祭・リネンサプライなど）
	精密機器・医療用機器	IT・情報処理	情報処理・ソフトウェア
	印刷・パッケージ		情報・インターネットサービス
	OA機器・家具・スポーツ・玩具・文房具・楽器・その他	通信・マスコミ	通信（携帯電話サービス・ポータル検索エンジンなど）
エネルギー	電力・ガス・エネルギー		放送（テレビ・ラジオ）・新聞・出版
金融	銀行（メガバンク・地方銀行）、信託銀行		広告・ディスプレイ
	信用金庫・労働金庫	不動産	不動産・都市開発・管理会社
	信販・クレジット・ファイナンス	運輸・倉庫	鉄道・航空・運輸・海運
	生命保険・損害保険・共済		物流・倉庫
	証券・投信・投資顧問	官公庁・団体	非営利団体
	リース・レンタル		国家公務員・地方公務員
	その他金融	教育機関	教育機関
商社	総合商社	医療・福祉施設	医療・福祉介護施設
	専門商社	専門・技術サービス業	法律事務所・会計事務所

ど、さまざまな活動を通して、成り立っています。そのなかで、同じモノやサービスを市場に提供している企業の集まりを「業界」といいます。言い換えればライバル同士の集まりともいえます。また「業態」は利益の生み出し方やビジネスの展開の仕方です。たとえばモノを造って市場に提供するのがメーカー（製造業）、モノを仕入れて企業に提供するのが商社です。流通業では販売方法の違いで使われることもあります。

　主な業界として、図表8-8のようなものがあります。

　なお、総務省からも、「日本標準産業分類」として、20の大分類をあげています（図表8-9）。

図表 8-9　日本標準産業分類（総務省）

大分類		中分類	小分類	再分類
A	農　業　、　　林　業	2	11	33
B	漁　　　　　　　　業	2	6	21
C	鉱業、採石業、砂利採取業	1	7	32
D	建　　　　設　　　　業	3	23	55
E	製　　　　造　　　　業	24	177	598
F	電気・ガス・熱供給・水道業	4	10	20
G	情　報　通　信　業	5	20	45
H	運　輸　業　、　郵　便　業	8	33	63
I	卸　売　業　、　小　売　業	12	66	205
J	金　融　業　、　保　険　業	6	24	72
K	不　動　産　業　、　物　品　賃　貸　業	3	15	28
L	学術研究、専門・技術サービス業	4	23	42
M	宿　泊　業・飲　食　サ　ー　ビ　ス　業	3	18	30
N	生活関連サービス業、娯楽業	3	23	69
O	教　育　、　学　習　支　援　業	2	16	36
P	医　療　、　　福　祉	3	18	41
Q	複　合　サ　ー　ビ　ス　事　業	2	6	10
R	サービス業（他に分類されないもの）	9	34	67
S	公務（他に分類されるものを除く）	2	5	5
T	分　類　不　能　の　産　業	1	1	1
（計）20		99	536	1,473

出所：総務省「日本標準産業分類」（令和5年6月改定、令和6年4月1日施行予定）
　　　をもとに引用・作成。

図表 8-10　商品が消費者に届くまでの流れと関連業界

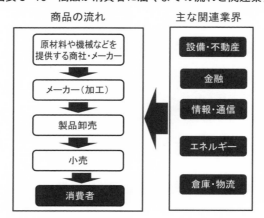

　それでは、業界に関する演習をおこないます。ペットボトルの緑茶飲料がわたしたちの手元に届くまでには、どれだけの業界が関わっているでしょうか。「図表 8 - 8　代表的な業界」を参照し、業界名をあげてみましょう。

【演習 5 ：緑茶飲料が届くまでに関わる業界をあげる（グループ）】

プロセス	業界名
例）お茶の葉を栽培する	メーカー（農業）

　ひとつの製品が届くまでには、非常に多くの業界や企業が関わっています。原材料の仕入れ、卸売り小売りだけではなく、その中間で物流・倉庫、情報サービスなど、非常に多様な業界が連携・協力しあっています（図表 8 -10参照）。

　このような業界名を見ているだけでは、具体的にどのような仕事をするのか、わかりにくいと思います。本格的な就職活動に入る前の余裕があるうちにどのような業界や仕事があるのか調べてみましょう。インターネットで調べることもできるし、業界本や企業本も出版されているので、目を通してみましょう。興味があればインターンシップ（職業体験）を経験するのも良いでしょう。

5 ▶社会の変化に対応する

　社会で何かが起きれば、ビジネスの現場は大きな影響を受けます。モノの値段があがれ

ば消費者は買い控えをする、光熱費があがれば節電を心がける、急に雨が降ればビニール
傘が売れるといった具合です。つまり、何かの事象には関連性があって、さまざまな分野
に波及していくということです。

　たとえば、リモートワークが普及すれば、公共交通機関は売上減になります。運動不足
の人が増えればフィットネスジムなどは売上増が見込めます。このように、何かが起きれ
ば、いろいろなことに波及効果があります。

　就職活動の時期になると、新聞を読み始める学生が増えます。しかし、こうした事実情
報を読んでいても、あまり面白くはないと思います。こんなとき、社会の変化がビジネス
の現場にどのような影響を与えるのか調べるのです。どのような業界が売上増、あるいは
売上減に見舞われるか。こうした影響や波及効果を考えながら読むと、業界研究にも興味
を持てるようになります。

　では、次のようなことがあると、どのような業界に影響が及ぶでしょうか（売上増・売
上減など）。個人で考えるとともに、グループでも、意見交換していきましょう。できる
だけたくさんのことを挙げてみてください。

【演習6：波及効果を考える（個人⇒グループ）】

	自分で考えたこと	グループで共有したこと
①新車の値段が2倍になる		
②温暖化が進み、夏場はもっと暑くなる		

　さて、何項目くらいの波及効果を考えることができましたか。大切なことは、想像力を
はたらかせて、どのような関係者がいるかを考えることです。たとえば、新車の価格が上
がれば、自動車関連企業で働く人は影響を受けます。新車の買い控えから中古車が多く売
れるかもしれません。あるいは、できるだけ修理して長く乗ろうということになり、自動
車修理工場も影響を受けることになるでしょう。

　また、想像力をはたらかせて、影響を受ける関係者のことを考えることは、論文等にお
いて、自分の主張の根拠を考えることにも役立ちます。たとえば、小学校での運動会を
1日の実施から半日の実施に変更する場合の根拠（メリット）を考えるとします。関係
者として、児童、保護者、教員などがあげられます。そして、それぞれのメリットを考え
ると、児童は熱中症予防、保護者は弁当作りの負担軽減、教員は準備の削減などが考えら
れます。こうしたことを根拠として、運動会は半日に短縮して実施すべきだと主張するこ
ともできます。一方で学校周辺のコンビニは半日になったことで、弁当やおにぎりなどの

売上が減るかもしれません。

⑥ ▶ 判断基準を持つ

　さて、働き方、職種・業界・業態等について説明してきました。ここでは判断基準について触れます。「就職活動の軸」などといわれたりしていますが、言い換えれば「自分が大切にしていること」を考えながら就職先を探してほしいということです。すべて自分の希望が適うことは残念ながら難しいと思いますが、たとえば、将来、「とにかく海外勤務を経験したい」「起業したいので大変でも早い時期から仕事を任せてもらえるところがいい」など具体的に考えることは大事です。800ページ以上に及ぶ書籍『「いい会社」はどこにある？』（2022年、ダイヤモンド社）では、著者の渡邉正裕氏が次の12の条件で会社選びを解説しています。企業も皆さんを選びますが、皆さんも自分が大切にしていること、譲れないことをもとに選ぶことができます。この12の条件は非常にわかりやすく、就業後のことも踏まえて設定されています。起業したければ「条件1」の優先順位が高まるでしょうし、専門性を伸ばしていきたければ「条件3」は譲れないと思います。また、キャリアというとき、これは仕事のことだけを限定的に捉えるものではなく、仕事を含む働き方や生き方など人生そのものです。その意味では「条件6」も大切です。

　条件1：年齢に関係なく仕事を任されるか

　条件2：自律的に仕事内容を選択できるか

　条件3：専門能力が身につくか

　条件4：内外で多様なキャリパスを描けるか

　条件5：労働負荷が自分にとって適度であるか

　条件6：勤務地を選べて家庭生活と両立できるか

　条件7：組織カルチャーが自分にフィットしているか

　条件8：手取り賃金が望む生活水準を満たしているか

　条件9：給与の上がり方がライフプランに合っているか

　条件10：評価のされ方が自分に合っているか

　条件11：評価基準の納得性が高いか

　条件12：雇用安定性にギャップがなく納得性がいいか

　さて、あなたが企業を選ぶ際にこれだけは譲れない条件、選ぶ基準（軸）をあげてみてください。複数あってもいいですし、ひとつに決まっていればそれを書いても構いません。また、自分で考えてもいいですし、前述した条件から選んでも構いません。

【演習7：あなたにとって譲れない条件・軸（個人⇒グループ）】

個人

グループで共有したこと

〈参考文献〉

渡邉正裕（2022）『「いい会社」はどこにある？』ダイヤモンド社。

Column

もっと「BtoB」企業にも目を向けよう

　皆さんは、自分が通学に使っている電車の車両を製造している企業、自動販売機で購入するお茶などのペットボトル容器の製造メーカーをご存じですか。いずれも相当な興味をもって調べないかぎり、わからないと思います。

　わたしたちは実に多くの企業のおかげで、安定した日常生活をおくれているわけです。しかし、目につくのは、どうしてもBtoCといわれる、直接われわれに商品・サービスを提供している企業です。ペットボトル飲料を購入しても、飲料メーカーの社名はラベルに記載されていますが、ペットボトル容器や中身の原材料を製造しているメーカーの会社名などは記載されていません。

　BtoB企業をどのように調べたらいいのかわからないという人も多いと思います。『就職四季報』（東洋経済新報社）などでは、「メーカー」「商社・卸」などと区分されているところが、典型的なBtoB企業です。また、ペットボトルに興味があれば、「ペットボトル＿製造企業（メーカー）」などと検索すれば、会社名を調べることができます。

　こうして、興味のあるもの、身近なものなどから、「製造企業（メーカー）」「素材」等を検索すると、実に多くのBtoB企業を検索できます。

　就職活動にあたり、メーカー、素材などはどうしても着眼しにくい業界です。こうした業界にも目を向けてみると、就職活動の幅も広がると思います。

就職活動を知る

大学での学びとどのような関連性があるのか

　「就活」といわれて、「ワクワクする」「楽しくなるぞ」と思う人は、残念ながらごくわずかだと思います。しかし、このChapterを読み、演習に取り組んだ人には「就活はそれほど大変じゃないぞ」「むしろ楽しまないといけない」と思ってもらえることでしょう。

　いまの日本の大学では、就職活動を「学業／就活」と分断しているところが最大の問題点です。本来、学びを生かし、その延長線上に就職活動、仕事がなければならないのですが、実態としては３年生になると、キャリア支援担当部門主催の就活講座に参加し、インターンシップにエントリーするなど、学業と並行するかたちで就職活動をおこない、入社後ゼロからその職場で必要な業務知識を身につけていくという流れになっています。その結果、大学での学業を将来の活用を見据えた取り組みとして捉えづらくなる。程度の差こそあれ、こうした実態があると思います。このような現状をすぐに変えていくというのは難しいですが、少なくとも、皆さんには、学業と就活を関連づけながら効率的に取り組んでほしいと思います。

> **このChapterの到達目標**
>
> □就職活動は、学業、課外活動などとも関わっており、こうした学生生活で習得したことを生かせることを理解する。
>
> □就職活動、就業・仕事で求められる能力・スキル、意識・態度を理解し、学生生活のなかで計画的にこれらの習得に取り組むことができる。

1 ▶ 就職活動を身近に捉えるための演習

　「おかげさま」ということばがありますが、わたしたちの生活は、まさに多くの人たちが分業しているおかげで成り立っています。朝起きるための目覚まし時計、朝食の食材、家を出て歩く道路の整備、公共交通機関など、あげればきりがありません。

　それでは、わたしたちは、上述のほか、朝起きてから寝るまでにどれくらいの人のお世話になっているのでしょうか。思いつく限りの仕事・職業をあげてみてください。その際、派生的に関連する仕事もあげてください。たとえば、目覚まし時計であれば、時計の部品メーカー、梱包用のダンボールなどです。なお、その際、Chapter 3で学んだロジックツリーを使って整理すると見やすいものとなります。

【演習１：わたしたちの暮らしを支える仕事／朝起きてから寝るまで（個人）】

　さて、どのくらいあげられましたか。テレビ、エアコンなどの家電にもお世話になっていますし、もちろんシャワーで使う水などもあります。そして食事をすればゴミも出ますから、ゴミの収集なども不可欠な仕事です。

　このように多くの人の分業により、お互いに支え合いながら、わたしたちの暮らしは成り立っているのです。

　2019年12月、中国で初めて報告された新型コロナウイルスは瞬く間に世界中に広がり、わたしたちの日常は一変し、経済活動にも大きな打撃を与えました。特に飲食業、観光業などではいわゆるコロナ倒産も相次ぎました。しかし、わたしたちは、IT技術とさまざまな知恵を生かし、困難を乗り切っていきました。たとえば、新型コロナウイルス感染症を回避するため、多くの企業でテレワークが本格的に導入されました。皆さんの授業もZoomなどを使ったオンライン授業に移行され、自宅で受講したことと思います。そうすると、パソコンなどの機器が売れ行きを伸ばしたり、レンタルオフィスなどへの需要も高まっていきます。何かが起きると、必ずこうした**波及効果**が起きてきます。また、先ほどのゴミの収集などのほか、医療関係者、宅配便、交通機関、スーパーマーケットなど、人がその場にいないとできない仕事もあります。こうした社会基盤を支えている人たちのことを、エッセンシャルワーカーなどと呼びます。わたしたちの暮らしと関わることの多いエッセンシャルワーカー、あるいはあまり皆さんが知らないところで活躍してくれているメーカーのスタッフ、ダムや水源を管理している人など、見えざるところで支えてくれている人も大勢います。今後はこうした見えざる仕事にも注目していきましょう。

②　大学での学びと就職活動との関連性を考える

　ここで、就職活動を次のように規定してみます。

> 学生が希望する企業・職種を選び、説明会やインターンシップ等に参加し、エントリーシートなど応募書類を提出し、筆記試験、面接試験を受け、内定を得るという一連の活動のこと。

　この規定を踏まえて、一連の就職活動とそれらに求められる能力・スキル、および大学での学びとの関連について整理してみましょう。

【演習 2 ：就職活動とそれらに求められる能力・スキル等、および学びとの関連（個人）】

就職活動内容	求められる能力・スキル等	大学での学びとの関連
応募書類作成	例：文章力、表現力、多様な経験	例：ノートテイク、レポート作成
業界研究		
面接		
グループ討議		

　学部学科によっても、差はあるかもしれませんが、授業やその予習・復習といった学習・探究活動自体が就職活動での基盤を下支えする力になっているのです。応募書類の作成では、文章力、表現力、課外活動等の経験が必要ですが、最近は動画やイラスト等で表現することを求められる場合もありますから、アイデア・企画力なども必要です。自分の考えや主張を構想し、文章化するという一連の力は、大学での課題、レポート作成などを通して身につけられるものです。業界研究には、さまざまなイベントに積極的に参加する主体性、企業や業界団体等の情報を根気よく調べることも必要です。こうしたことは、大学での文献検索などでも鍛えられます。面接は対話の場です。聴く力、簡潔に伝える力などが求められます。こうした能力はキャリア系の授業での演習、ゼミでの発表などを通してトレーニングできます。そして、グループ討議では、協働力など、Chpter 1 で学んだ「人間関係形成・社会形成能力」などが不可欠です。こうした能力は、授業やゼミでの討議、サークル活動などでのミーティングの機会が有効です。

　何かを学んでいるとき、どうしてもその学びを理解しようと懸命になります。それは当然のことですが、理解できたら次はその学びがどのような場面で役立つか、あるいはどのような科目や就職活動などと関わっているかを鳥瞰することが大切です。**関連づける**ことで、学びの活用が広がっていきます。普段の学びと就職活動、仕事を関連づけて考えてみましょう。授業を聞いているとき、アルバイトで接客しているときなどは、集中していると思いますが、終わったときに「どのような仕事と関連があるだろうか」「どうすればもっと売上を伸ばすことができるだろうか」など、学びの活用を考えてみてください。

③ ▶ 就職活動スケジュールを踏まえた学生生活、キャリア形成

　次の表はおおまかな就職活動のスケジュールを示したものです[1]。大学３年生から４年生になる春休み期間が説明会、エントリーなど、就職活動の本格的なスタートです。

図表9-1　就職活動スケジュール

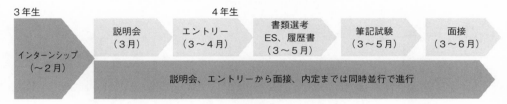

　実際にはこのほか、就活講座への参加、OBOG訪問などがおこなわれています。ここで大切なことは「**逆算**」です。３年生の夏にインターンシップに行くなら３年生前期には、インターンシップに応募するためのエントリーシートを提出しなければなりません。そのなかでは「インターンシップで学びたいこと」「自己PR」「学生時代に頑張ってきたこと」などが問われます。３年生の前期に自己PRをするには、１・２年生の過ごし方がポイントになります。なお、公務員、教員志望という人もいると思います。その場合には、受験する自治体等のホームページなどから試験日程、試験科目等を調べたうえで、学習計画を立ててください。過去問から難易度を評価し、どの程度の学習時間が必要かを見積る必要があります。授業、課外活動、アルバイトのほかに、こうした受験勉強を乗り切るには、友だちどうしで教えあったり、移動、休憩時間などの隙間時間を効率的に活用することもポイントです。企業系就職にも公務員受験にも準備が必要です。それぞれに何が求められているかを把握し、逆算して、１・２年生ですべきことを洗い出し、実行に移してください。

　お願いしたいことは、次のようなことです。

---

①目的を踏まえ、考えて行動する習慣をつける

②１・２年生からの計画的なキャリア形成の準備

---

(1)2018年における一般社団法人日本経済団体連合会による「採用選考に関する指針」の廃止方針を踏まえ、政府は「就職・採用活動日程に関する関係省庁連絡会議」を立ちあげ、採用・就職活動日程を発表しています。2023年12月8日付「2025年度卒業・修了予定者の就職・採用活動日程に関する考え方」によれば、2024年度（2025年3月）に卒業・修了予定の学生の就職・採用活動日程は次のとおりです。
・広報活動開始：卒業・修了年度に入る直前の3月1日以降
・採用選考活動開始：卒業・修了年度の6月1日以降
・正式な内定日：卒業・修了年度の10月1日以降
　出所：就職・採用活動日程に関する関係省庁連絡会議（2023年12月8日）「2025年度卒業・修了予定者の就職・採用活動日程に関する考え方」(https://www.cas.go.jp/jp/seisaku/shushoku_katsudou/pdf/r051208_siryou.pdf)。

あと30分で今日は
アルバイト料が5,000円になるぞ！

なんであのお客さまは
商品を手に取ったのに購入されなかったのだろう？

この２つを意識してほしいのです。たとえば、①に関してです。アルバイト、サークル活動などに取り組んでいる人も多いことと思います。アルバイトをしているイラストの２人の学生の呟きを比較してみてください。

アルバイトを雇っているということは、もちろん働いてもらうためですが、せっかくなら売上増にも貢献してほしいものです。皆さんのサービス、接客を通して、「売上を拡大したい」「来店客数を増やしたい」といった雇い主の目的があります。ですから、どうやって売上に貢献するか、どうすればもっとお客さまが来てくださるかなど、考えてみましょう。こうした**自問自答**を繰り返していると、自ら問題・課題を発見し、その解決策を考える習慣がつきます。こうした目的思考力が備わっていれば、面接にも応募書類にもスムーズに対応できます。大学での学習、課外活動等を通して、考える力、それをスピーディに行動に移せる**実行力**を身につけてほしいのです。次のような思考プロセスを習慣にしてください。なお、①については Chapter 7 でも、「考え抜く習慣」として演習もおこないました。繰り返しになりますが、考える習慣をつけていってください。

> 1)「**なんでだろう**」疑問に思ったら、なぜかを考える
>
> ▼
>
> 2)「**どうすれば…**」その疑問を解決する方法を考える

また②に関しては、卒業までを計画的に過ごしてほしいということです。たとえば、大学３年生からインターンシップ等がスタートし、そこで資格・特技等をアピールする必要があるなら、２年生までに取得しておけば応募書類でもアピールすることができます。Chapter 1 にて、４年間の「大まかな長期休暇の予定を立てる」演習をおこないました。短期留学などをする人も増えていると思いますが、どうか逆算して、就職活動時期までの１〜２年生のとき、何を重点的におこなうのかを具体的に決めてください。そして、就職活動関連事項、卒業旅行、資格取得、アルバイト、サークル活動など、それぞれの休暇を計画的に過ごしてください。大切なことは事前にこうした全体の計画を立てておくことです。もちろん、自分自身の方向性が変わることも当然あるかと思います。それでもいま現在、考えられる見通しを立ててください。そして、何かが変われば、そのときに軌道修

正すればいいのです。

　本節最後に、インターンシップについて触れておきます。インターンシップとは学生が就業前に企業などで「就業体験」をすることで、大学３年生の夏以降に実施される企業が多いとされています。インターンシップに参加する学生は年々増えています。インターンシップ参加のメリットは、①業界・職種研究になる、②仕事の具体的なイメージがつきやすい、③就職活動時の志望動機の裏付けになるなどがあります。最近は、１、２年生を受け入れてくれるインターンシップもありますから、キャリア支援担当窓口等に相談してみるとよいでしょう。

4 ▶ 就職活動、就業に求められる能力・スキル、意識・態度

　就職活動にあたり、いちばん大切なことは、「**立場の転換**」です。消費者の立場から、生産者、お客さまの要望を叶える側の立場に移っていくわけです。学生気分から抜け出し、社会人になるということはどういうことか、こうしたことを自問自答し、立場の転換をはかっていかなければなりません。そのほか、次のような思考習慣を身につけておくことをお勧めします。なお、Chapter 7 においても、「企業が求める人材像」として、10項目を紹介しましたが、そうしたことを下支えする思考・行動・態度が次に掲げる８項目です。

　それでは図表９-２にある①〜⑧について、現時点での出来を４段階で自己評価し、演習３の解答欄に項目番号を記入してみてください。

図表９-２　社会人になるために大切な思考・行動、意識・態度

項目	内容	評価
①目的思考力	それは何のためにおこなうのか。その意図・目的を受け止めたうえで、行動に移すようにしている	
②自分事	傍観者ではなく、自分が直面した問題と受け止め、自分だったらどうすべきかを具体的に考え、行動することができる	
③習慣化力	よい思考・行動、意識・態度はその場限りではなく、習慣にしようとする意識がある	
④想像力	相手の意向を汲み取ったり、自分のすべきことをシミュレーションしたりして、先を見通した行動をとることができる	
⑤自己相対化力	他者を通して、自分の立ち位置、自己課題や長所を発見することができる	
⑥傾聴力	アイコンタクト、頷き、笑顔での挨拶などにより、相手の話を丁寧に聞き取り、相手が多くのことを話したくなるような質問、応対ができる。また相手の話をメモをとり要約できる	
⑦正確性	但書なども最後まで読み、完璧な対応をとることが習慣になっている	
⑧スピード感	速やかなメール返信、思考から行動への実践など、スピーディな実行が身についている	

【演習3：社会人になるために大切な思考・行動、意識・態度についての自己評価（個人）】

1・2の評価項目（要改善）	3・4の評価項目（できている）

　就活講座では、就活マナー、エントリーシートの書き方など、いわばテクニカルスキルを学んでいくことになります。しかし、その一方でこうした就職活動、就業に求められる基礎力の育成は一人ひとりに任されています。だからこそ、差がつくところともいえます。

　本節最後に世界経済フォーラムがまとめた「雇用主が2025年に重要と見なすスキルトップ10」を紹介します。世界経済フォーラム（World Economic Forum）とは、官民の協力を通じて世界情勢の改善に取り組む国際機関で、政界、ビジネス界、および社会における主要なリーダーと連携し、世界、地域、産業のアジェンダを形成する組織です。

---

(1) 問題解決力（Problem-solving）

　①分析的思考とイノベーション（Analytical thinking and innovation）

　②複雑な問題解決能力（Complex problem-solving）

　③クリティカル・シンキングと分析（Critical thinking and analysis）

　④創造性、独創性、イニシアティブ（Creativity, originality and initiative）

　⑤理由づけ、問題解決能力、アイデア出し（Reasoning,problem-solving and ideation）

(2) 自己管理能力（Self-management）

　⑥アクティブラーニングと学習戦略（Active learning and learning strategies）

　⑦レジリエンス、ストレス耐性、柔軟性（Resilience, stress tolerance and flexibility）

(3) 他者との協働（Working with people）

　⑧リーダーシップと社会的影響（Leadership and social influence）

(4) テクノロジーの利用と開発 Technology use and development

　⑨テクノロジーの利用、監視および管理（Technology use, monitoring and control）

　⑩テクノロジーのデザイン、プログラミング（Technology design and programming）

　また、経済産業省がまとめた資料「未来人材ビジョン」[2]には、2050年に求められる

---

(2)出所：経済産業省（2022年5月）「未来人材ビジョン」P.21（https://www.meti.go.jp/press/2022/05/20220531001/20220531001-1.pdf）。なお、第2位は「的確な予測」、第3位は「革新性」と続きます。

能力のトップ10が紹介されていますが、第１位は、「問題発見力」です。

　わたしたちは、小学校から国語、算数、理科など教科ごとに学習を積んできました。しかし、学びは独立していても、社会での問題解決、仕事での活用にあたっては、統合的な知識の活用が求められます。そして、自己管理能力を備えていなければ最後まで完遂することはできません。また、ひとりで解決する案件など、限られていますから、チーム単位で解決することが多いと思います。この意味でも協働力は非常に重要になってきます。採用選考の場面でも、グループディスカッションなどが取り入れられているのは協働力などの実践力を見たいものと思われます。

　「雇用主が2025年に重要と見なすスキルトップ10」「未来人材ビジョン」ともに、トップには問題発見・解決に関連することが位置づけられています。これは、考える仕事への需要の高まりを予測してのことだと思われます。本テキストにおいても、PART１では、「学びの基盤をつくる」として、ロジカル・シンキング、クリティカル・シンキングを盛り込みました。本テキストでこのようなカリキュラム編成にしたのも、こうした背景を考慮してのことです。考えたことを整理し、論理的に説明したり、よりよい解決策を提案したりしていく、こうしたことを学生時代からトレーニングしていきましょう。

⑤ ▶内定に苦戦する学生に見られる傾向

　まずは「大卒求人倍率」から見ていきます。図表９-３はリクルートワークス研究所が毎年調査・公表している大卒求人倍率です。2024年３月卒業予定の大学生・大学院生対象の大卒求人倍率は1.71倍と、前年よりも0.13ポイント上昇しています。なお、全国の民間企業の求人総数は77.3万人、学生の民間企業就職希望者数は45.1万人です。つまり、学生ひとりに２社近い求人がある状態です。それでも内定に苦戦する学生がいます。それはなぜでしょうか。

　リクルートワークス研究所では、従業員規模別の求人倍率も調査・発表しています（図表９-４参照）。これを見ると、従業員規模が大きくなるにしたがって、求人倍率もより厳しくなることがわかります。学生の大手志向は根強いものがあり、従業員規模5000人以上といったような大手企業のみをねらっていると苦戦する傾向にあります。

　皆さんもニュースなどで、「依然として学生の大手志向が続いている」「中堅・中小企業と学生とのマッチングが課題」などといった報道を聞いたことがあると思います。大手企業は安定していて福利厚生も充実しているといった考えから、こうした傾向が続いているものと思います。しかし、皆さんが知らない優良企業はまだまだたくさんあります。『会社四季報』『就職四季報』の執筆にも携わっていた田宮寛之氏の著書『みんなが知らない超優良企業』（2016年、講談社）、『無名でもすごい超優良企業』（2017年、講談社）には、皆さんが知らない数々の優良企業が紹介されています。創業以来地震計の製造販売に

図表9-3　求人総数および民間企業就職希望者数・求人倍率の推移

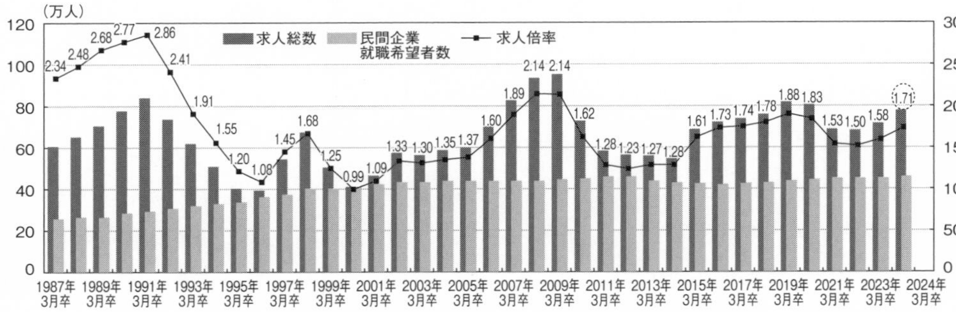

出所：リクルートワークス研究所「第40回　ワークス大卒求人倍率調査（2024年卒）」P.1（https://www.works-i.com/research/works-report/item/230426_kyujin.pdf）。

図表9-4　従業員規模（4区分）別求人倍率の推移

	2010年3月卒	2011年3月卒	2012年3月卒	2013年3月卒	2014年3月卒	2015年3月卒	2016年3月卒	2017年3月卒	2018年3月卒	2019年3月卒
300人未満	8.43倍	4.41倍	3.35倍	3.27倍	3.26倍	4.52倍	3.59倍	4.16倍	6.45倍	9.91倍
300～999人	1.51倍	1.00倍	0.97倍	0.93倍	1.03倍	1.19倍	1.23倍	1.17倍	1.45倍	1.43倍
1000人～4999人	0.66倍	0.63倍	0.74倍	0.81倍	0.79倍	0.84倍	1.06倍	1.12倍	1.02倍	1.04倍
5000人以上	0.38倍	0.47倍	0.49倍	0.60倍	0.54倍	0.55倍	0.70倍	0.59倍	0.39倍	0.37倍
300人未満と5000人以上の倍率差（ポイント）	8.05	3.94	2.86	2.67	2.72	3.97	2.89	3.57	6.06	9.54

	2020年3月卒	2021年3月卒	2022年3月卒	2023年3月卒	2024年3月卒
300人未満	8.62倍	3.40倍	5.28倍	5.31倍	6.19倍
300～999人	1.22倍	0.86倍	0.98倍	1.12倍	1.14倍
1000人～4999人	1.08倍	1.14倍	0.89倍	1.10倍	1.14倍
5000人以上	0.42倍	0.60倍	0.41倍	0.37倍	0.41倍
300人未満と5000人以上の倍率差（ポイント）	8.20	2.80	4.87	4.94	5.78

出所：リクルートワークス研究所「第40回　ワークス大卒求人倍率調査（2024年卒）」P.6（https://www.works-i.com/research/works-report/item/230426_kyujin.pdf）。

取り組んでいる株式会社勝島製作所、消防車製造のトップメーカー株式会社モリタホールディングス、中古車の海外輸出を手掛ける株式会社ビィー・フォアード、ナブテスコ株式会社は新幹線の基幹部品であるブレーキ・ドアの開発などを担っています。学生の皆さんには、知名度は低いかもしれませんが、特化したノウハウ、技術力を有しています。皆さんの興味・関心の高いことと関連したことに特化した企業もあると思います。「大手」という判断基準とともに、こうした皆さんの興味・関心からも、企業を見つけていってください。なお、Chapter 8 では「就職活動の軸」として、12の条件を紹介しました。こ

うした条件も考慮してください。

⑥ ▶ 就職活動って何だ

本 Chapter 第 2 節にて、「就職活動」を規定しました。ではもう少しかみ砕いてみます。

> 自分の適性ややりたいことをもっとも実現できそうな企業を見つけ（自己分析、業界研究）、自分を売り込む自己 PR パンフレット（応募書類の作成）を制作したうえで、自分を売り込むこと（面接）。

　自分の強みを見つけながら、やりたいことを模索し、そうしたことができそうな企業を見つけていく。こうした一連のことって、普段からできませんか。決して就職活動時期にやらなくても、合間をみておこなうこともできます。就職活動を特別視するのではなく、普段から空き時間などに取り組んでください。たとえば、何かを購入したら、そのメーカーやその商品の素材は何かを調べてみる、何かを食べたら食材の産地をチェックしてみるなどです。こうした日々の積み重ねにより、企業活動がより身近なものになると思います。食事をしながら原産地を調べたり、輸入品であればどの会社が輸入しているのかを調べたりすることも、自分の興味・関心を広げるヒントになります。つまり、日常生活を送りながら、いろいろと調べることこそ、自分の興味・関心を発見することにつながるのです。

〈参考文献〉

廣瀬泰幸（2015）『新卒採用基準』東洋経済新報社。

田宮寛之（2016）『みんなが知らない超優良企業』（講談社）。

田宮寛之（2017）『無名でもすごい超優良企業』（講談社）。

藤田晃之（2019）『キャリア教育』実業之日本社。

小宮一慶（2022）『「ビジネス力」養成大全』ディスカヴァー・トゥエンティワン。

Column

「具体性」がない

　学生の皆さんから採用選考におけるエントリーシートの添削をしばしば頼まれます。第1回目でほぼすべての学生に指摘することは、「具体性」の欠如です。本人は具体性があるとの認識なのですが、やはり具体性に乏しいとの指摘を受けてしまいます。つまり、具体性のレベル感を共有できていないということです。エントリーシートですから、学生本人の行動特性、特長などをできるだけ正確に把握したいわけです。そのときに必要なのが、記載内容の根拠としてのエピソードです。具体性とはそのエピソード部分を人事の方が読んだとき、「あなたがとった行動が人事の方の頭のなかに思い浮かべられる水準」と就活講座などでは説明しています。「～意識して取り組みました」「～となるよう工夫しました」など、いわばきれいなことばで説明されているのですが、相手の求めていることは、皆さんのリアルな活動状況なのです。

　面接での対話でも当然に具体性は求められます。その意味では、「就職活動は具体性にはじまり具体性に終わる」といえそうです。

PART3

自分と向き合う

自分を知る

自分を客観視するには

　「自分をもっと深く知る必要があると思いました」「自分の強みである積極性をもっと伸ばしていきたいと思いました」これらはキャリアの授業において、しばしば見られる振り返りシートでの記述です。「自分を知る」とは「これまでの経験を振り返り、客観的に自分を見つめなおし、自分を多面的かつ深く知ること」です。これは決して簡単なことではありません。

　なぜ、自分を知ることがこれからの人生や仕事をおこなううえで大切なのでしょうか。そして、なぜ自分のことなのによくわからないのでしょうか。

　この Chapter では、自分を知る重要性や目的を理解したうえで、実際に自分の長所や課題、持ち味に改めて気づくための演習をおこないます。そして、新しく気づいた自分の強みを充分に発揮して、成長のきっかけにしていきましょう。

この Chapter の到達目標

□ 自分を知ることの重要性を理解する。

□ 時間軸のなかで、自分の経験や学習を振り返って客観的に捉え直し、自分の長所や課題、持ち味を改めて理解し、今後の活動に生かすことができる。

□ 周りからのフィードバックを通じて、今まで気づかなかった自分を肯定的に受け入れ、自分の可能性を広げることができる。

□ 自分の長所や課題、持ち味を言語化して周りに伝えることができる。

1 ▶ 自己理解の必要性を考えるための演習

　まず、あなた自身が自分のことをどのように捉えているのかを書き出してみましょう。

【演習1：自分が認識している自分（個人）】

項目	具体的内容
第一印象	
長所・強み	
短所・弱み	
その他の特徴 持ち味	

　すぐに書き出すことができましたか。「短所はわかるけれど、自分の長所はよくわからない」「自分の第一印象なんて考えたことがない」などといった声が聞こえてきそうです。また、頭の中では何となくわかっているつもりでも、いざ書き出してみると、ことばやキーワードが思いつかないといったこともあるでしょう。そうしたときには、「自己の相対化」が有効です。たとえば、ある友だちはいつも「元気がいいねえ」などとすれ違いに人に声をかけられるが、自分自身にはそうした声かけがないとします。こうしたことから、自分は実はあまり活発とは見られてないのかなと自問自答することができます。

　このように、自分の持ち味や特徴について自信をもって解答することは、案外難しいものです。にも拘わらず、自分を知ることが大切だと言われるのはなぜでしょうか。

　『LIFE SHIFT』の著者リンダ・グラットン氏は著書のなかで、人生が長くなると「自分がどのような人間か、自分の人生をどのように組み立てたいのか、自分のアイデンティティと価値観を人生にどのように反映させるかを一人ひとり考えなくてはならない」と述べています[1]。

　人生100年時代といわれるようになり、日本でも定年が60歳から65歳へと段階的に伸びてきています。22歳で大学を卒業し、65歳まで就業したとすると、43年間働くことになります。これだけ働く期間が長いと、ずっとひとつの組織で働くことよりも、さまざまな事情で何回か転職、離職などを経験するほうがむしろ現実的です。つまり、次の業界、就職先等の選択の機会が増えるということです。仕事に限らず、ライフキャリアにも大きな変化があらわれるでしょう。そのような時代に、自分らしい選択をして豊かな人生を送るためには、自分のことをよく理解しておく必要があるというわけです。

　また、教育心理学・カウンセリング心理学が専門の筑波大学名誉教授、渡辺三枝子先生は、働くとは一生懸命活動することであり、「一生懸命活動するということは、自分の持つ力を最大限に発揮し、あなたの価値を充分に発揮することを意味している」と述べています[2]。つまり、働く際にも自分の強みや能力、価値観を深く理解してそれらを周りにも伝えること、かつ周りからもあなたの強みを承認されることでうまく仕事に取り組めるということです。そのためには日頃から自分を深く知り、進路選択に際して自分の長所や持ち味、価値観を生かした選択ができる必要があります。

　このように、自分を知ることはこれからの大学生活や就職活動に限らず、長い人生の中において、皆さんのキャリア形成に大きな影響を及ぼします。

(1)リンダ・グラットン，アンドリュー・スコット著／池村千秋訳（2016）『LIFE SHIFT 100年時代の人生戦略』東洋経済新報社、P.38。
(2)渡辺三枝子・久保田慶一編（2011）『はじめてのインターンシップ　仕事について考えはじめたあなたへ』アルテスパブリッシング、PP.22-23。

② ▸ 自分を知るためのさまざまな方法

　そもそも「自分」とは何でしょうか。「自分は何者であるのか」という感覚を「アイデンティティ」といいます。アイデンティティとは生涯発達心理学の視点においては「自分がほかの誰とも違う自分であるという斉一性（せいいっせい）と、これまでの自分（過去）も、いまの自分（現在）も、これからの自分（未来）も自分である、という連続性あるいは一貫性をもっているという実感があることを指している」といわれています[3]。つまり、自分を知るには、過去の自分を振り返り、今の自分を確認し、未来の自分を展望してみることがポイントになります。

　自分を知るには、具体的には次のような方法があります。

> ・経験を振り返る
>
> ・現在の自分について書き出す
>
> ・自分の将来イメージについて書き出す
>
> ・周囲の人に自分について尋ねる
>
> ・自己分析ツールを活用する（VPI 職業興味検査、VRT 職業レディネス・テストなど）
>
> ・大学のキャリア支援スタッフや就労支援員に相談する
>
> ・キャリア系科目や自己理解講座などを受講してみる

　ひとつの方法に頼るのではなく、できるだけ多方面から自分にアプローチしましょう。また、頭のなかで考えるだけでなく、表を使って整理する、文章に書き出す、信頼のおける人に聞いてみるなども効果的です。やはり心のなかで思っていることと、実際に書き出すことでは効果も異なります。大切なことは時間軸に沿って、多面的に取り組むことです。

③ ▸ これまでの経験を成長につなげる

　皆さんはこれまでの人生において、いろいろと経験を積んできたことと思います。では

---

(3)鈴木忠・飯牟礼悦子・滝口のぞみ（2016）『生涯発達心理学　認知・対人関係・自己から読み解く』有斐閣、PP.102-103。

経験をこれからの成長につなげるにはどうしたらいいでしょうか。これに関しては、アメリカの教育学者であるディビット・コルブが提唱した「経験学習モデル」という理論があります。ディビット・コルブは経験したことを次に生かすには、ただ経験を積み重ねるのではなく、経験したことを深く振り返り（内省的観察）、他の状況でも生かせるように学びや知識を概念化し（概念的抽象化）、概念化されたそれらを別のシーンで実践する（能動的実践）ことが大事だと考えました。その実践から、また後に続く経験や内省が生まれるからです。わかりやすい例をあげてみます。

項目	内容
具体的経験	Ａさんはカフェで接客のアルバイトをしています。昨日は、オススメ商品の売上20％アップキャンペーンのために、来店したお客さま全員に商品をおすすめする声かけをおこないました。
内省的観察	アルバイトが終わってから振り返りました。「いろいろなお客さまがいたなあ。お客さまＢにはうまくいったけれど、お客さまＣにはうまくいかなかったなあ。どうしてなんだろう。先輩は上手だったなあ。どこが違うんだろう」
概念的抽象化	「わかった。まず、お客さまをよく観察することだ。そして、そのお客さまに合った視点から話を始めるんだな。急いでいるのか時間があるのか、話好きか効率重視かなどもよく考える必要がありそうだ」と気づきました。
能動的実践	「このことは、他でも使えそうだ。大学で新しい友人に話しかけるときや、先生と話すときに使ってみよう」

　このプロセスを繰り返すなかで、人は学びを確かなものとして成長します。端的にいえば、経験を振り返って自覚できた強みや知識は、他の状況で発揮してこそほんとうの強みになり、皆さんの成長を促すということです。これからの大学生活のなかで、皆さんの経験は続きます。その都度、客観的に自分の経験を振り返って学んだことを確かめ、次の成長へとつなげてください。授業の最後に記入するリフレクションシートの役割もここにあります。

　さて、先の例に倣って経験学習モデルのプロセスをたどってみましょう。何か１つ、具体的経験を選び、取り組んでみてください。なお、最後の「能動的実践」は、すぐにで

図表10-1　経験学習モデルの図

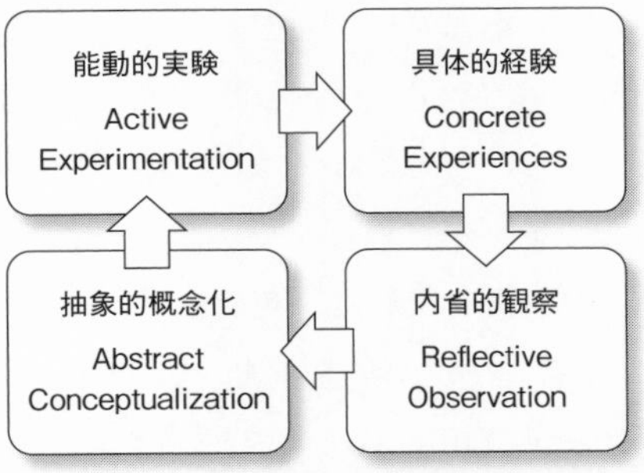

出所：中原淳（2013）「経験学習の理論的系譜と研究動向」『日本労働研究雑誌　639号』、P.6をもとに作成。

きるものではありません。その場合は、実践予定のシーンと期限をメモして、取り組んだ
ら書き込みましょう。

【演習２：経験学習モデルを生かす（個人）】

項目	内容
具体的経験	
内省的観察	
概念的抽象化	
能動的実践	

④ ▶ 対人関係のなかから、新しい自分に出会う

　わたしたちは生きるうえで、多くの人と関わりを持ちます。皆さんも大学、家族、地域の
コミュニティなど、さまざまな場面で人間関係を持っていると思います。このような人間
関係において、どのような状況が理想的だと思いますか。自分の持ち味や強みを充分に発
揮できていて、かつ周りの人もそれを認めてくれている状況が理想的なのではないでしょ
うか。皆さんがいくら強みを発揮しているつもりでも、周りがそれを認めてくれなければ、
空回りに終わることもあるでしょう。これほど虚しいことはありません。反対に、周りの
期待を皆さんが理解できていないとお互いにもどかしく、人間関係はうまくいきません。

　ではどうすれば自分が知っている自分と、周りから見られている自分を一致させること
ができるのでしょうか。皆さんは、自分のことは自分が一番よく知っていると思っていま
せんか。果たしてそうなのでしょうか。親しい友人と話す中で「あなたはこんなところも
あるよね」と思いもしなかった指摘を受けて、驚いたことはありませんか。

　「ジョハリの窓」という思考フレームがあります。「ジョハリの窓」とは、アメリカの心
理学者ジョセフ・ルフト（Joseph Luft）氏とハリー・インガム（Harry Ingham）氏が、
1950年代に提唱した、人間関係を円滑にするための対人コミュニケーションモデルです。

図表10-2を見てください。横軸を自分について「知っている部分」「知らない部分」、縦軸を他人が自分について「知っている部分」「知らない部分」に分けて自分と他者とが関わっている状況を、それぞれの組み合わせで4つの窓で表しています。

開放の窓	自分も他人も知っている自分の領域。自分のことを他人に表現できている部分
秘密の窓	他人が気づいていない自分の領域。あまり人に見せてこなかった、あるいは隠している部分
盲点の窓	自分では気がついていないけれど、他人は知っている自分の領域。「私って、そんなところがあった?」と驚くことがある
未知の窓	自分も他人も気がついていない自分の領域。いつの日かわかることがあるかもしれない部分

　このモデルに従っていえば、自分には4つの領域があり、「**開放の窓**」をなるべく大きくすることが、人間関係において大切になることがわかります。自分の持ち味や強みを充分に発揮できていて、かつ周りがそれを認めてくれている領域が広がるということです。「開放の窓」を広げるには、自分のことを知ったうえで周りに表現して伝える「**自己開示**」と、周りの人から自分について教えてもらう「**フィードバック**」を受ける方法があります。この節では、周りの人に自分について教えてもらいながら、自分への理解を深めましょう。

　このChapterの始めに「自分が知っている自分」を書き出す演習に取り組みました。今度同じ項目について周りの人に質問して、ノートに書いてみてください。周りの人たちはそれぞれの立場や視点から皆さんを見て、理解しています。皆さんのことをよく知っている家族や幼馴染み、友人、先輩など3人以上に尋ねるのがポイントです。尋ねたら、次の【演習3】のシートに整理しましょう。

図表10-2　ジョハリの窓

	自分が知っている自分	自分が知らない自分
他人が知っている自分	「開放の窓」 自分も他人も知っている	「盲点の窓」 他人は知っているが、自分は知らない
他人が知らない自分	「秘密の窓」 他人は知らないが、自分は知っている	「未知の窓」 他人も自分も知らない

〈ジョハリの窓から自分を知る手順〉

①周りの人たちからもらったコメントやキーワードをよく読む

「自分が知っている自分」に書き出した自分の特徴と、友人や家族・先輩に聞いた自分のなかで、同じようなキーワードがありましたか。たとえば「明るい≒いつもニコニコ≒いつも機嫌がいい」などニュアンスが同じであれば、それらのキーワードを「開放の窓」に記入する。

②「自分が知っている自分」について

「自分が知っている自分」に書き出した自分の特徴のなかで、周りの人からは指摘されなかったことは「秘密の窓」に記入する。

③「自分が知らない自分」について

「自分が知っている自分」に書き出されず、あるいは自分は今まで気づかなかったけれど、今回友だちや家族などから聞いた自分のキーワードを「盲点の窓」に記入する。短所だと自分で捉えていたことを長所としてコメントされた場合なども、ここに記入する。

③全体を眺める

思い出した自分自身の特徴をさらに書き加える。できあがったら自分自身の強みや可能性について、新しく気づいたことやや感想を記入する。

【演習3：ジョハリの窓をつくる演習シート（個人）】

	自分が知っている自分	自分が知らない自分
他人が知っている自分	「開放の窓」	「盲点の窓」
他人が知らない自分	「秘密の窓」	「未知の窓」
感想・新たに気づいたこと		

　さて、周りの人に自分のことを尋ね、ジョハリの窓に整理してどのようなことに気づきましたか。自分以外の視点から自分を知ることで、改めて自分らしさや自分の持ち味、特徴を確認できましたか。自分が日ごろから心がけてきた行動や姿勢を、周りの人からも認めてもらっていることがわかると自己肯定感も高まります。また、自分がこれまで短所だと考えてきたことを周りの人が肯定的に受け取っていると確認できると、自分の視野や可能性が広がった気持ちになります。自分はどうすればもっと成長できるかを考える手がかりにもなります。

　自分を深く知るためには、自分を取り巻く周りの人たちからフィードバックをもらう重要性が理解できたことでしょう。皆さんは今後もさまざまな経験を積み、人と出会い、人間関係を構築する中で変化していきます。節目ごとに自分を振り返ることを忘れないようにしてください。自分がどのように変化し、成長しているのかを認識することが、次の成長につながります。もうひとつ大切なことは良好な人間関係を築いていくということです。いざというとき、フィードバックをもらえる友だちがいなければ、盲点の窓を狭くすることもできません。

5 ▶ わかった強み・弱みを進路選択に反映させる

　ジョハリの窓では、できるだけ「開放の窓」を広げ、「盲点の窓」を狭めていこうなどということを学びました。次はこうしてわかってきた自分の強み・弱みをどのように進路選択に生かすかです。

　キャリアデザインを考えるにあたって「Will Can Must」というフレームワークがあります。図表10-3のように、Will（やりたいこと＝興味・関心）／Can（できること＝得意・能力）／Must（やらなければならないこと＝価値観）という3つが重なっている仕事がもっとも満足度が高いといわれています。

図表10-3　Will/Can/Must を考える

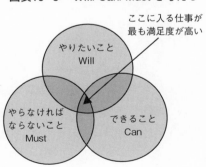

		解説	具体例
Will		自分が好きなこと、おこなっていて快適と感じる活動・行動、仕事としてやっていきたいこと	スポーツが好き、絵を描くのが好き、人と話すのが好き、外に出て動くのが好き、ひとりでじっくりと考えるのが好き、モノづくりをするのが好きなど
Can		自分ができること、能力・スキルを活かせること、得意だと思う行動・活動	わかりやすい説明をするのが得意、文章を書くのが得意、リーダー役をするのが得意、計画的に行動するのが得意、PCスキルがあるなど
Must		やらなければならないこと、(仕事で、家庭で) 求められること、大切にしたいこと	家族を養い子供を育てる経済力を身につけなければならない、家業を継がなければならない、地元で就職する必要があるなど

　それでは、上記を参考にして、現時点での Will/Can/Must を書き出してみてください。

【演習4：自分にとっての Will/Can/Must を考える (個人)】

Will	
Can	
Must	

　仕事とのマッチングという視点からみると、「興味・関心」は会社の事業内容、「能力・得意なこと」は仕事内容 (職種)、「価値観」は会社風土や社風と関連が深いといわれています。

　一般的にわたしたちは Will を重視する傾向にあります。しかし、図表10-3を見ればわかるように、自分は何が得意なのか、何を大事にして働きたいのかという視点も知っておく必要があります。特に日本の場合は、まだメンバーシップ型雇用が主流となっており、入社してすぐに自分がやりたい仕事ができるかどうかはわかりません。そういう場合でも自分の得意や適性、価値観を理解していれば、それらを生かして仕事をすることができます。また、周りの社員と同じ価値観で働いているという一体感を持てることが大きなモチベーションになります。因みに、メンバーシップ型雇用とは、職務や勤務地を限定することなく新卒で正社員を一括採用し、長期に渡って雇用するものです。それに対して、ジョブ型雇用は「仕事内容にマッチする人材」を雇用する手法であり、職務内容・勤務地・時間などの条件を明確化して就業者と雇用契約を結び、就業者は契約の範囲内でのみで働くという雇用システムです。基本的に別部署や他拠点への異動・転勤などはありません。メンバーシップ型雇用が主流である以上、いつも自分の好きなことだけができるわけではありません。むしろ、皆さんの得意なこと (Can) を見据えて、配属先が決められるかもしれません。それでも自分の理想に近づけるよう Will、Can、Must をしっかり書き出しておきましょう。

6 ▶ 自分の強みや経験を周りに伝える

　この Chapter では、「自分のことを深く知る」をテーマに、学習してきました。仕上げとして、自分の持ち味や特徴、経験を言語化してみましょう。「言語化」するとは、「書いて伝える」あるいは「話して伝える」ことです。いざ、自分のことを言語化する段階になって皆さんが戸惑うのは、どのようにしたら効果的にわかりやすく「自分のこと」を「自分のことを知らない人」に伝えられるのかということです。長く話せば話すほど自分のことをわかってもらえるとは限りません。

　自分のことを言語化する際に「わかりやすい構造」として PREP 法と STAR 法を紹介します。PREP 法は Chapter 5 のグループ討議の中で、論理的に自分の意見を述べる方法として学習しました。ここでは、STAR 法について紹介します。加えて、文章により具体性や説得力、注目度を高める「印象に残る表現方法」についても説明します。

最初に具体的なシーンから書き出す「STAR 法」の概要

Situation （状況）	最初に概要や状況を書きます。具体的なシーンを書きます。
Task （課題）	自分が取り組んだ「課題」や「目標」について書きます。
Action （行動）	具体的にその課題解決や目標達成のために、あなたが取った行動を書きます。行動だけでなく、そのときの想いや考えも書きます。
Result （結果）	行動した結果、成果について書きます。その結果としての自分の学びや成長を伝えます。

STAR 法を用いて作成した文章の例

Situation	ダンスサークルの活性化です。
Task	メンバー間のモチベーションの違いから、練習への参加率が50％を切りました。わたしはせっかく入ってくれたメンバーをがっかりさせたくないと考え、参加率90％を目標に取り組みました。
Action	まずメンバー全員からサークルに求めるものを聞き出し、優先順位を決めて活動に取り入れました。全員で話す場を設けて全員に何かの役割を分担しました。
Result	結果、責任感とメンバー同士のつながりが増えて参加率90％を達成しました。一人ひとりと向き合う重要性を学びました。

「印象に残る表現方法」

数値法	具体的な数字を使う方法です。「大人数の部活」では、ひと言で規模感が伝わりません。「100人が所属する部」と書けば、ひと言で大きさが伝わります。
比較法	何かを基準として比較する方法です。「新入部員が20名入部しました」ではなく、「過去5年間、10名以下しか入部していなかったのですが」と書けば、頑張ったということがリアルに伝わります。
比喩法	「私の強みは粘り強さです」と書くところを、比喩を使って「私の強みは、納豆のような粘り強さです」と書きます。相手に粘り強さを強くアピールできます。

| アンチク ライマッ クス法 | 伝えたいことを最初に伝えます。たとえば「私が心がけたことは３つあります」と最初に伝えてから「１つ目は……」と書くと、読み手は次が予測できることから集中して読むことができます。 |

　ではこれまでの学習を振り返り、自分の強み、もしくは経験を効果的に伝えてみましょう。強みを書く場合は PREP 法、経験を書く場合には STAR 法が適しています。どちらももっとも言いたいことを始めに伝えます。表現方法も工夫しましょう。必ず数値がなくてはならない、引用しなくてはいけないわけではありませんが、誰に伝えたいのかを考えて、その相手を意識して具体的に書くことを心がけてください。

　なお、この演習はエントリーシート等での「学生時代に力をいれたこと」や「自己 PR」を書く際にも役立ちます。

【演習５：自分を伝える演習シート（個人⇒グループ）】（STAR/PREP）

S・P	
T・R	
A・E	
R・P	

　書けたら、周りの人たちに話してフィードバックをもらいましょう。あなたらしさがよく出ているところ、もっと詳しく聞きたいところ、ちょっとわかりにくいところなど自分ではなかなか気がつかないものです。フィードバックをもらってブラッシュアップしましょう。自分のことを言語化するワークを通じて、自分について新しく気がついたことや気持ちの変化がありましたか。

　この Chapter では、自分を知る・客観視するというテーマに沿って、演習を通じてさ

まざまな自分に出会う経験をしました。最初に記入した「自分が捉えている自分」と比較すると、ずっと豊かで多様な面を持った自分を発見できたのではないかと思います。このChapter の最初のところで述べたように、これから皆さんは人生を歩む中で、数多くの選択をします。それは、皆さん自身の主体的な選択になるはずです。そんなときに、このChapter で学んだことを思い出して自分を客観的に眺め、自分を理解して自信を持って選択してください。

〈参考文献〉

杉山崇、馬場洋介、原恵子、松本祥太郎（2018）『キャリア心理学ライフデザイン・ワークブック』ナカニシヤ出版。

廣瀬泰幸（2015）『新卒採用基準』東洋経済新報社。

偶然を自分のキャリアに生かす

　皆さんは、「あの時の偶然が私の方向性を変えた」という経験がありますか。たとえば、「本当は違う大学のオープンキャンパスに参加する予定だったが、たまたま再会した中学の先輩に誘われて、現在、在籍する大学のオープンキャンパスに参加した。話を聞き、構内を見学するうちに志望度が上がり、入学してしまった」などの偶然の出来事です。

　キャリアデザインというと、目標を決めてそれに向けてコツコツと取り組むイメージがあります。それはそれでよいことですが、昨今のように変化が激しい社会では、目標を立てても予定通りにはいかない場合もあります。

　そこで注目されているのが「プランド・ハップンスタンス理論」です。人の人生はたくさんの偶然に左右されるのではないか、それは好ましくないことではなく、その人にとっての新しい可能性を広げることになり、人生をよい方向に導くのではないかという考え方です。アメリカのクルンボルツ（John D. Krumboltz）博士が提唱しました。

　では、じっとしていれば偶然のチャンスにめぐり合えるのかというと、そう簡単ではありません。クルンボルツ博士は、偶然のチャンスを自分のキャリアにいかすには、5つの要素が大事だと言っています。それは「好奇心」「粘り強さ」「柔軟性」「楽観性」「リスクテイキング」の5つです。いろいろなことにワクワクしながら自分の枠を広げてください。そして、想定外のできごとに出会ったら、「失敗したらどうしよう」ではなく、「なんとかなるかもしれないから、まず始めてみよう」と考えて、粘り強く行動してください。「わたしの柄じゃない」と思ったら「キャラ変できるかも」と頭を切り替えてみてください。

　このように、5つの要素を上手に自分の中に取り込んで、偶然のチャンスをつかみ、柔軟に自分の人生を切り拓くことも大切なキャリアデザインです。

参考文献：日本キャリアデザイン学会監修（2014）『キャリアデザイン支援ハンドブック』ナカニシヤ出版、PP.74-75。

充実した学生生活をおくる
学びや仕事を通して成長するには

　1年間におよそ1,000名の学生と授業で向き合い、およそ400名の学生の個別学習・就職支援をしていると、「この学生さんは成長したなあ」とか「ここを改善しないと次に進めない」など、一人ひとりの成長や改善事項が浮き彫りになることがあります。これは多くの学生の中で、一人ひとりを相対的に見られるからです。こうしたことを背景に、本Chapterでは共通に改善したほうがいいこと、成長のための秘訣などを整理してみました。いずれも定着には時間も要するでしょうが、優先順位を決めて取り組んでみましょう。

　学習は大学で終わるわけではありません。卒業後も新たな仕事に就くために資格を取得したり、基礎的・汎用的能力をさらに伸ばしていくことが求められます。また、卒業後に求められることは具体的な成果です。理解する、知っているということではありません。

　理解から達成するまでの方法論、秘訣などを身につけていれば、卒業後、スムーズに目標達成、成果創出に貢献できます。

　なお、本Chapterでは、「学習・探究活動編」「人間理解編」「キャリア形成編」に分けて、成長の秘訣を学んでいきます。

> **このChapterの到達目標**
> □成長にあたり、現状の自己課題を整理し、客観視することができる。
> □ありたい状態目標を具体的に言語化し、いつまでに実行するかを決めたうえで取り組むことができる。

1 ▶ 自分の成長実感を振り返るための演習

さっそく演習から、取り組んでもらいます。

　これまでの学生生活を振り返り、「成長したなあ……」と感じられることを、次の流れに沿って複数書き出してみてください。学習、運動・スポーツ、お稽古事など、何でも構いません。

【演習1：成長を感じた場面と成長の秘訣（個人）】

成長を感じた場面	考えられる成長の秘訣

　そのときは夢中で取り組んでいますから、秘訣と言われてもなかなか思いつかないかもしれません。しかし、「上手な選手を徹底的に真似た」「自分の演技の動画を撮り何度も見返した」「とにかく筋力トレーニングを徹底した」「コーチの指示に忠実に従った」など、必ずそのときにとった行動があるはずです。そして、こうした改善活動の積み重ねが、自己課題の発見にもつながっていくわけです。

　学びでも運動でも成功をおさめるには、練習、トレーニングなど、相当の努力があったと思います。その際、**どうしてうまくいったのかを振り返り**、**言語化しておくことが大切**です。類似のことに挑戦するとき、その言語化されたノウハウが次の活動でも生きてくることがあるからです。こうしてノウハウを積み重ねることができれば成長のスピードも早まります。

2 ▶ 学習・探究活動に関する成長の秘訣

　ここでは、9つの秘訣を紹介します。お願いしたいことは、「活用・実践」です。覚えるだけでは意味がありません。ひとつずつ、自分にとって必要なものに優先順位をつけて、普段の学習・探究活動のなかで使ってください。

---

(1)**状態目標の宣言**　(2)**学びの活用・接続力**　(3)**目的思考力**　(4)**振り返り**
(5)**面倒くさがらない**　(6)**決める**　(7)**チャレンジする**　(8)**アウトプットする**
(9)**「思考」と「作業」の分離**

---

(1)状態目標の宣言

　さて、あなたは学習にあたり何分くらい集中できますか。もちろん個人差もありますが、授業の様子を見ていると、60分以上、集中することは難しいように思います。一般的に好きなことには長時間集中できますが、あまり好きではないこと、苦手なことには集中できず、いわゆる「ながら勉強」になりがちです。すぐに「スマホを見たり……」なんてことはないでしょうか。大切なことは成果です。そのときに役立つのが**「状態目標の宣言」**です。

　たとえば、英単語を覚えているとしましょう。「この20分を使って、この2ページのなかにある新しい単語の綴りと意味を完璧に覚えた状態にする」と宣言するのです。そして、そのときは、**声に出すこと**をお勧めします。自分で目標を決め、自分に約束をするわけです。次のようにいろいろな状態目標の宣言が考えられます。

・「この30分を使って、レポート作成に必要な文献をすべて検索し、レポートが書ける
　状態にする」

・「この1時間で授業を振り返り、完璧なノート整理を終える」
・「15分でこのページにある択一問題をすべて解き、誤りの選択肢について、なぜ誤りなのかがいえるようにする」

　つまり、**取り組もうとしている学習が終了したとき、どのような状態でありたいのかを言語化し、宣言する**わけです。学習することが目的ではありません。覚えること、説得力の高い論文を作成するための根拠として有用な文献を見つけることなど、それぞれの学習事項に応じた目的があるはずです。しかし、だらだらとした勉強をしていると、どうしても目的不在の状態になり時間ばかりが経過してしまいます。状態目標を宣言してから、着手するようにしてください。

　もちろん、これは仕事でも使えるスキルです。「30分で会議の議事録を作成、確認まで済ませ、参加者にメールで送るまでをおこなう」「提案に必要な類似の提案書を共有サーバーのなかから5点、見つけプリントアウトする」などです。こうすると、学習にも仕事にもメリハリがつき効率的に取り組むことができます。また、仕事や学習に要する時間を

さあ、この30分間で覚えきるぞ

正確に見積ることができるようになります。この**見積る力**は仕事では特に役立ちます。

　それでは演習に取り組んでみましょう。どのような科目、学習内容でも構いません。状態目標を具体的に宣言したうえで、その学習に取り組み、成果を普段の学習と比較して書いてみましょう。これは宣言までを記入し、実際にそれをおこなったうえで、気づいたことを書いてください。

【演習2：状態目標の宣言（個人）】

科目、学習内容等
状態目標の宣言
その成果、気づいたこと（上記宣言内容を実施したうえで記入）

普段より、効率的に学ぶことができ、しかも成果もいままで以上にあったと思います。大切なことは、その学習等が終了したとき、どんな状態でいたいかを具体的に想像し、言語化しておくことです。勉強することが目的ではありません。覚えること、使えるようになることなどが目的のはずです。

(2)学びの活用・接続力

　皆さんは履修科目について、それぞれ、何のために選択したかを説明できますか。「必修だから」「単位が取得しやすいから」などといった理由ではなく、あなたの将来のキャリア形成、仕事との関わりを尋ねているわけです。学びの意義といってもよいものです。**その学びの必要性、有用性を考えてほしいのです。**将来の仕事、ほかの科目での活用余地などを考えられるようになると、モチベーションも高まります。教室での学びをその授業だけで終わらせないようにしてください。自分自身は教室、図書館などにいたとしても、頭は教室外、将来の職場等へと移動し活用場面を想像してみてください。

(3)目的思考力

　「アンパンマンのマーチ」（作詞：やなせたかし、作曲：三木たかし）をご存じですか。歌詞のなかに、「なんのために生まれて　なにをして生きるのか　答えられないなんてそんなのはいやだ」という部分があります。

　公務員試験対策、SPI対策、資格取得、語学など、大学での学問以外にも、個人的にいろいろと取り組んでいることがあると思います。これらも、目的を考えると、モチベーションが高まります。公務員試験に合格することが目的なのでしょうか。当面はそうかもしれません。しかし、公務員になりどのようなことに取り組みたいのかという問いです。そのように考えると公務員試験合格はあくまで手段のはずです。その先にある目的を見失うことなく、取り組んでください。

　何かに取り組むとき、注意してほしいことは目的を見失わないということです。気づいたら学習が作業になっていて、何のために取り組んでいるのかわからなくなってしまったというようなことがないよう注意が必要です。だからこそ、振り返りの時間が大切なのです。また、何かを学ぶとき将来のキャリア形成とどのように関わっていくのかを考えることも重要です。

(4)振り返り

　振り返りとは、文字通り過去の自分の思考・行動を見つめ直し、今後に向けて、気づいたこと、何をすべきかを整理することです。

　大学での学習のほか、アルバイト等の課外活動など、皆さんは一人ひとりが、複数の立場や役割を担っています。学生であると同時、アルバイトスタッフであったり、サークルのマネージャーであったりするわけです。そして、日々、さまざまな経験を積んでいるわけです。これをやりっぱなしにしておくことは、成長のための大きな機会損失です。そうしたことを避けるためにも、ルールを決めて、振り返りの時間を設けましょう。

〈振り返りのコツ〉

・毎日、５分でも時間を決めて振り返る

・振り返りは、文章化、言語化する（思っているだけではＮＧ）

　授業でも最後に振り返りシート[1]を書くことがあると思います。その際、「時空の往復」ということを覚えておくと、効率的・効果的な振り返りができます。時空の往復とは、ひとりでタイムマシンに乗り、過去に行ったり（自己省察の旅）、未来に就く仕事を想像したり（学びの活用）するものです。

図表11-1　時空の往復とは

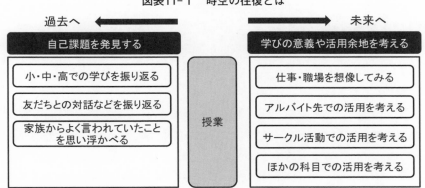

　授業後の振り返りシートを見ていると、非常に個人差があります。あまり書けていない人は何を書いていいのかがわからないものと思います。「時空の往復」を活用すれば、それほど困らずに振り返りシートが完成します。

　ここでの演習は自分自身で科目を決めて、「時空の往復」を使い、振り返りシートを書いてみてください。そのうえで、その感想などを書いてみてください。

　その学びはどのような場面で使えそうか（学びの意義、活用）、その学びに関する過去のこと（自己省察）などを思い浮かべながら書いてみましょう。振り返りシートは授業で学んだことを羅列するものではありません。特に将来の仕事、社会での活用などと関連づけて書くことが成長の秘訣にも大きく関わってきます。

【演習３：時空の往復を活用した後での感想（個人）】

　まずは科目を決め実際に振り返りシートを書いたうえで、感想を書いてください。

---

(1)振り返りシートのほか、リフレクションシート、コミュニケーションシートなどと呼ばれることもありますが、授業を振り返り自己課題を発見するという目的は同じです。

科目名
振り返りシートに書いたこと（概要）
感想

（5）面倒くさがらない

　配付資料のファイリングについては、Chapter 2でも触れました。資料の科目ごとの管理は将来の仕事でも役立つものです。ルールを決めて、すぐに取り出せるファイリングなどを定着させてください。

　モノを探す時間は、ある意味、何の価値も生みません。60分の学習時間のなかで、10分間、必要資料を探していれば、実学習時間は50分になってしまいます。必要な資料やデータが、概ね30秒から1分前後で見つかるようにしてください。科目ごと、さらにテーマごとなど、区分をしていかなければなりませんが、ルールを決めて、整理を行ってください。これは仕事をスムースに進めるうえでも、求められるスキルです。

　スマホがあれば、大概のことができる時代です。だからこそ、自分で考えて何か行動に移すということが、いままで以上に面倒だと感じるものです。しかし、卒業すれば、今度は立場が変わり、そうしたさまざまな面倒なことをお客さまに代わっておこなっていく立場です。自分が面倒だなあと思っていることは、誰にとっても面倒なものです。面倒なことは、「週1回、整理の時間を設ける」など、ルールを決めることです。

（6）決める

カベを乗り越えるには「決める」しかない

　「決める」という単語だけでは、何のことかわからないと思いますが、本Chapterのすべての項目のうち、もっとも早く定着、習慣化させてほしい事項です。本Chapterを読み、いずれかの項目で、「重要だなあ……」「確かに……」と思ったことでしょう。しかし、実行に移さなければ成長も期待できません。つまり、ほんとうに大事だと思っても、実

践するには「**カベ**」があります。

　一般的に、人は自分が困ることから着手していきます。たとえば、期末レポートを提出するなどです。その次が他人に迷惑をかけることです。グループワークなどで分担された部分をおこなうなどです。そして、最後が自分が困らないことです。何か就職活動に向けて、「とりあえず資格をとっておこう」とか、「自己分析をしてみよう」などです。先のファイリングも同様です。こうしたことは、実行しなくても誰も困らないわけです。だからこそ着手の優先順位も後手に回ります。そこで大切な秘訣が「**決める**」ということです。「**いつまでに、どの程度おこなうのか**」これを決めてほしいのです。決めない限り、いつも「やっておくといいなあ」という願望で終わってしまいます。実行予定日時を決め、想定所要時間を見積り、スケジューリングです。手帳に書き込んでもスマホのアプリでも構いません。時間をブロックしてその時間に取り組む仕組みをつくっておくことが大切です。

（7）チャレンジする

　さて、ここはまずこれまでの学生生活を振り返ってみましょう。小学校くらいから時系列に振り返り、チャレンジしたという経験を書き出してみましょう。なお、成功・失敗は問いません。

【演習4：チャレンジ経験（個人）】

チャレンジ経験をあげる

　なお、「チャレンジ」に関しては、既に Chapter 7 でも演習を交えた学習をしています。また、ここでは小学校くらいからの経験を思い浮かべて【演習4】にチャレンジ経験を書いてもらいました。何かにチャレンジしたいという意思はあるけれど、なかなか機会がないという人も多いと思います。グループ討議でのリーダーなど身近なところからチャレンジしてみてください。

　経験したことは比較的忘れにくいものです。また、経験してはじめてわかることがあります。たとえばプレゼンテーションです。グループワークなどの場面では「誰か、やってくれないかなあ」などとお互いに思っていることが多いものです。しかし、チャレンジしてみて、「緊張で早口になった」「大事なことすら言い忘れてしまった」などがわかるものです。こうした経験を積み重ねて、「次はリハーサルにもっと時間を割こう」と気づくわけです。こうした「**経験知**」を蓄積することが、成長には欠かせません。「**経験知**」とは実際に経験することによって得られた知識やノウハウです。また、経験が少ないと、想像力がはたらきません。自分と環境の異なる人の気持ちを理解することも難しくなります。

　チャレンジとは、**困難な問題や未経験のことに取り組むことです**。ここでチャレンジするメリットを２つ紹介します（対応力、可能性の発掘）。

　「**対応力**」は就職活動においても、求められる能力です。詳しい説明は避けますが、日本での採用選考はメンバーシップ型が主流です。つまり、採用後に本人の適性を見極めながら、配属先を決めていくというものです。つまり、内定時には専門職での採用でない限り、自分がその企業でどのような仕事に就くかはわかりません。また、日本の企業の特徴として定期的なジョブローテーションがあります。つまり、どのような配属先、業務内容に異動になっても柔軟にこなしていける対応力が求められるわけです。

　「水は方円の器に従う」と言ったのは中国の思想家韓非子ですが、どのような組織・メンバー構成であっても、柔軟に対応していけることこそ、真の強さです。

　「**可能性の発掘**」はキャリア形成に関わることです。Chapter10「自分を知る」のなかで、「ジョハリの窓」を学びました。チャレンジと関連して、着眼してほしいのは、「他人は知っているが、自分は気づいていない」（盲点の窓）、「他人も自分も気づいていない」（未知の窓）という２つの窓です。こうした窓を開くことができるかどうかは、チャレンジにかかっています。こうした自分でも知らない部分が多数内在しているはずです。そうした内在している可能性を切り拓くにはチャレンジしていくしかありません。

　大学は学生から大人になるための助走期間と捉えることもできます。経験を重ね、大人になったとき、その経験を生かせばいいわけです。

（8）アウトプットする

　大学での学びは、どうしてもインプット中心になりがちです。しかし、アウトプットの機会が少ないなどと批判していても仕方ありません。すべての科目において、ジャストフィットですぐに実践できる場を設けることは難しいかもしれません。しかし、インターンシップや起業に関するコンテストなど、いろいろと機会は用意されています。こうした機会を利用し学びをアウトプットしてください。

　もうひとつは**教えあう**ことにより日常的にアウトプットの機会をつくることです。アメリカ国立訓練研究所の研究によると、他人に教えるという行為がもっとも学習定着率が高いといわれています。図表11-2は「ラーニングピラミッド」といわれるもので、学習とその定着率を示しています。いくら勉強してもなかなか成果が出ず困っている人は、友だちどうしで教員役と学生役など、役割分担をしながら、交代で教員役となり、教えるということを実践してみてください。

　インプットとアウトプットのバランスが大切です。授業を聞くなど、インプットばかりでは、どうしても活用できるという状態にはなりません。教えあう、練習する、話し合うなど、能動的な学びの機会をつくっていくことが大切です。なお、インプットとアウトプットのもっとも効率的な割合は、**３：７**といわれています。つまり、何か１つインプットしたら、その２倍程度のアウトプットが必要になるということです。

図表11-2　ラーニングピラミッド（能動的な学びほど定着率も高くなる）

講義	5%	学習定着率（%）
読書	10%	
視聴覚	20%	
デモンストレーション	30%	
グループ討議	50%	
自ら体験する	75%	
他者に教える	90%	

出所：アメリカ国立訓練研究所

（9）「思考」と「作業」の分離

　話す前の思考の整理、書く前の結論・根拠・事実・条件等の整理など、話すとき、書くとき、どちらも準備が大切です。もちろん、こうした思考の整理と作業（話したり、書いたり）が同時並行で、できる人もいます。しかし、結論、テーマなどの整理が不十分なまま、見切り発車で話したり、書いたりすると、「で…何が言いたいの？」なんて問われかねません。しっかり、結論、テーマなどを考えたうえで、話す、書く習慣をつけましょう。そのためには、思考と作業を分けることです。慣れるまでは、結論と根拠を簡単にメモしておくなどが有効です。こうしておくと、話しが脱線することもありません。

3 ▶人間理解（自己理解・他者理解）に関する成長の秘訣

　就職活動では、自己分析が欠かせません。自分の強み・弱みの理解、これまでの人生を振り返りながらの興味・関心の発掘などをおこなうわけです。そのためにも、自己理解はとても重要なものです。本節ではこうした人間理解に求められる4つのスキルを紹介します。

（1）自己相対化　　（2）傾聴力　　（3）他者理解　　（4）認める

（1）自己相対化

　自分を理解することほど難しいことはありません。生きるとは自己理解のためでもあるともいえそうです。自分という存在はあまりにもズームインの状態であり、なかなか自己課題にも気づけないものです。他人のよくないところにはすぐに気づくのに、自分のこととなると無知になってしまいます。そのようなときに有難いのが他者の存在です。いくら自分のいいところを探しても早々に見つかるものではありません。自分を客観視することの難しさがここにあります。だからこそ、相対的な視点が大事です。他者を通して、自己課題を発見したり、よいところに気づいたりということです。これは決して他人と比べるということではありません。他者を通して自己を相対的に観るという視点を新たに持ってほしいのです。

　たとえば、あなたの通っている大学のいいところ（特長や自慢できること）、改善してほしいことを、それぞれ５つ以上いえますか。意外と難しいと思います。自分がそこに身を置くと、それが当たり前になってしまい、客観視が難しいのです。そうしたとき、たとえば他大学に通う友だちに、その大学のいいところなどを聞いてみると、相対的な視点を見つけることができます。

　幼少期の頃と違い、社会人になると、なかなか自分の欠点を指摘したり、指導してもらったりする機会は減ります。あまり傷つけたくないとか、嫌われたくないといった理由からです。たとえば、「プライドが高くいつも命令口調である」「仕事への選り好みが激しい」などといった場合、上司が気づいて指導しない限り、なかなかメンバーどうしでは指摘しにくいと思います。だからこそ、**自己を振り返り、自己課題を発見したり、チームや組織のなかで常に相対的に自分を見たりする**ということが大切になってくるのです。他者を通して自分で気づくしかないのです。

（2）傾聴力

　皆さんに、「コミュニケーション能力」についてお尋ねすると、話し方やプレゼンスキルについての課題をあげる方がほとんどです。しかし、もっとも大切なことは他人の話をしっかり聴けるかどうかということです。プレゼンスキルなどは、これまでの学生生活のなかで経験してきていますから、ある程度、得意・不得意の判断が自分でできます。しかし、傾聴力はそうした評価を受ける機会があまりありませんから、どうしても個人差が大きいままになっていると思われます。

　傾聴とは、相手の話をしっかり聴いて、アイコンタクト、頷きをおこないながら、要点をメモしていくことです。つまり、やるべきことが多いのです。要点のメモ、わかっているということを示す頷き、相手とのコミュニケーションとしてのアイコンタクト、これら

をおこないながら、傾聴するわけです。

　新入社員として職場に配属され、いきなりプレゼンなどを任されるはずもありません。まずは上司・先輩の指示をしっかり聴けてメモをとれることが求められます。

（3）他者理解

　スタンフォード大学経営大学院を取材された佐藤智恵氏によれば、スタンフォードは思いやりと慈愛に満ちた大学だそうです。『「思いやり」そのものを学問として教える授業もあるし、会話術やリーダーシップの授業でも「思いやりを持つこと」の大切さを教えるものが多い。もちろん、厳しいアメリカ社会で生存していく術は教えるが、結局、大切なのは人間を理解すること、自分を理解することだと繰り返し教えるのである』と述べられています[2]。

　皆さんもどのような仕事に就こうと、必ずお客さま（個人／法人）がいらっしゃいます。そうしたお客さま理解と思いやりが、専門課程での学びと同様、重要であると述べているのです。これは非常に重要な指摘です。皆さんが何らかの商品・サービスを提案するにしても、必ずお客さまがいらっしゃるわけです。そのお客さまが何にもっともお困りなのか、どのようなことをすると満足していただけるのかというのは、商品力とは別の他者理解の問題です。皆さんは自分のことをよく理解してくれていない人から高価な商品を買いたいと思いますか。他者理解、思いやりの重要性をどうか深く理解してください。

　思いやりとは相手の気持ち、相手のおかれた立場を察し、考えることです。アルバイト先、教室など、おかれた場所で、それぞれのメンバーのことを意識していないと思いやることはできません。自分のことだけを考えていてもできるものではありません。授業等で資料を前から配付していくと、後ろのほうの席で余ることがあります。余った資料が後ろの席に放置されている場合もありますし、余った資料を授業後に持ってきてくれる学生もいます。

　われわれは、学校に限らず、地域、学校など、複数の共同体に所属しています。こうしたなかで相手が何を望んでいるかなどを考え行動に移してみてください。

　思いやりのある人になるには、どうしたらいいですか。ここはグループで話し合ってみましょう。

【演習5：どうすれば思いやりのある人になれるか（グループ）】

出た意見

(2)佐藤智恵（2017）『スタンフォードでいちばん人気の授業』幻冬舎、PP.23-24。

<table>
<tr><td>結論（まとめ）</td></tr>
<tr><td>

</td></tr>
</table>

特に世代が異なる人と良好なコミュニケーションをとるため、相手を理解することは難しいと思われます。こうしたときに役立つのが歴史です。わたしは初対面の人と会うときには、およその年齢を調べ、どのような歴史的背景を背負っている人かを調べておきます。たとえば、終戦記念日が近づいてくると戦争体験を語り継いでいる様子などが報道されます。こうした悲惨な出来事を体験しているかどうかは、その人の人生観に大きく影響していると思われます。このように年齢が異なれば、受けた教育、食生活なども違います。こう考えると、相手の意見が自分と異なることも理解できると思います。

（4）認める

グループ討議、ゼミでの議論、サークル活動等で何かを決めるなど、お互いが意見を交わす機会も多いと思います。そのようなとき、どのような意見であっても、一度**認める**ということです。

つまり、相手の意見を否定・批判するのではなく、どうしてそのように考えたのかを問うてほしいのです。自分が自信を持って述べた意見が否定されたら誰だってあまりいい気持ちはしません。もちろん議論の場では最終的に誰かの意見が採用されれば、当然、却下される意見もあります。しかし、その意見は否定されても、その人を認めることは大切です。**意見には反対であっても、その人を認めるということです。**お互いが気持ちよく討議したり、チームで働くにはお互いに認め合うという風土を醸成していくことが働きやすさにも関わってきます。他者を認めるためには、相手の言動をしっかりと観察することが必要です。こうした観察は自己を相対的に観ることにも役立つものです。

4　キャリア形成に関する成長の秘訣

ここからは、あなた自身のキャリア形成に関わる成長の秘訣です。学習活動、就業など、いずれにも関わるものを7項目、集めてあります。いまから使えるものばかりですから、優先順位をつけて定着に向けて取り組んでください。

（1）自責で考える　（2）修正力　（3）視点の転換　（4）本気度　（5）時間を大切にする
（6）関係性を考える　（7）学びをデザインする

（1）自責で考える

　「もっと早く教えてほしかった」「説明がわかりづらかった」など、自分がうまくいかなったかったりすると、こうした他責での言い訳を考えがちです。確かに、相手にも問題があるものと思います。しかし、社会では常にいっしょに働く人が高いパフォーマンスを兼ね備えているとは限りませんし、お客さまもわかりやすく説明してくださるとは限りません。他責で振り返るのではなく、自責で振り返ってほしいのです。たとえば、仕事の遅い人とペアを組み、結果的に時間内に仕事が終わらなかったとしましょう。しかし、相手の仕事のスピードが遅いなら、その仕事に早めに着手する、その人に仕事のコツを教えるなど、事前に対処できることもあります。しかし、いつも他責で振り返っている人は実践の場では成長できません。実践の場は常にチームメンバー、お客さまとの関わりのなかで動いています。こうしたことに慣れておくためにも、自責で振り返ることも必要です。「他責化に成長なし」です。

（2）修正力

　ここでは重要と思われる２つの修正力について述べます。ひとつめは変化の激しい時代を生き抜くための**キャリア修正力**です。「○○業界にいれば生涯安泰」といったことはもはや語れない時代です。いままで、いわゆる花型だった業界が衰退するといったこともあり得る時代です。そのようなとき、わたしたちは自分のキャリア形成を修正していかなければなりません。自分がその業界で、こんなことに挑戦してみたいというビジョンがあったとしても、軌道修正を余儀なくされます。こうしたとき、柔軟に軌道修正し、新たなキャリア形成を歩んでいかなければなりません。決めたことを目指し、その達成のために努力することも大切ですが、こうした時代の変化の激しいときには、柔軟な修正力も求められます。

　もうひとつの修正力は、**段取りの修正**です。仕事をしていれば、急な仕事が入ったり、誰かが休んでヘルプに行かなければならないということが生じたりと、常に状況は変わっていきます。帰宅してレポート課題に取り組もうとしたら、アルバイト先から電話があり、できればすぐにヘルプに入ってほしいなど、修正の連続です。こうしたときこそ、段取りの修正です。アルバイトが終わってからレポートに取り組むとか、短時間でもよいかと店長に交渉するなど、変化に応じた修正ができるようにしてください。

（3）視点の転換

　通常、通勤・通学はいつも同じ電車、ルートです。こうしたときでも、視点の転換のトレーニングができます。スマートフォンに入ってくるメールの処理なども重要ですが、いろいろと視点の転換のトレーニングもできます。

　たとえば、電車には中吊り広告があります。中吊り広告に着眼して電車に乗ると、電車によって、中吊り広告があまり掲載されていなかったり、あったとしてもその電車を運営している企業の関連会社の広告ばかりであったりすることに気づけると思います。企業も

インターネットでの広告に移行したり、そもそも広告費用を抑えているなどの事情も浮かびあがってきます。

　さて、皆さんはもう将来の方向性は決まっていますか。大学院進学、公務員、メーカーなど、具体的に決まっている人もいれば、これからという人もいると思います。決まっている人は、一度立ち止まり、ほんとうにそれが最適か、自問自答してほしいのです。限られた情報や経験のなかで自分の将来のことを決めているということはないでしょうか。大学院進学を志望していても、そうした研究職に近い就業ができるところはないかなどと考えてほしいのです。こうして視点を変えることにより、自分のキャリア形成の幅が広がっていき、より適切な選択が可能となります。

　大学はある意味、「階段の踊り場」であるともいえます。やや長めの階段には中間地点に、平らな広めの場所が確保されています。上階まで一気に上がりきるのは大変なので、途中に平らな休憩ゾーンが用意されているわけです。大学も人生にとっては、踊り場といえなくもありません。

（4）本気度

　「本気で取り組んでほしい」 それだけです。理由も簡単です。モノゴトに本気で取り組まないと、自分の適性と限界を発見できないからです。本気で取り組んでもできなければ、自分にはあまり適性がないかなと気づくことができます。しかし、いつも中途半端に取り組んでいると、いつまでも自分の適性を把握することができません。グループワークなど、残念ながら本気で取り組んでいないなという様子が見られることがあります。しかし、それではそのときの役割に関しての適性や自己課題も見えてきません。本気で取り組むということには、こうした意味があるのです。本気で取り組み、振り返り、自己課題の発見に努めるというプロセスが成長にも大きく関わっています。

（5）時間を大切にする

　皆さんも授業、アルバイト、サークル活動など、忙しい日々を過ごしているはずです。ここでお願いしたいことが２つあります。

> ・時間を決めて実施する、・時間をつくるという発想を持つ

　時間を決めるとは、取り組む時間をスケジューリングするということと、想定時間を見積るという２つがあります。たとえば、レポート課題が出たら、いつ取り組むかを決め、どの程度の時間を要するかを見積ってほしいのです。特に想定時間を見積るということは仕事においても重要になってきます。時間を見積れるということは、その仕事の全体像を把握し、さらに自分の能力を把握していないとできません。普段から何かに取り組むときには、想定時間を見積り、想定より早く終わったか、時間を超過してしまったかなどをチェックしていると、時間を意識して取り組めるようになり、メリハリがつきます。

　時間をつくるという発想も大切です。そのためにも、皆さんの標準的な１週間の行動

予定を見える化してみてください。

　図表11-3のように、縦軸に時刻、横軸に曜日を設定し、授業、アルバイト、サークル活動、移動時間、睡眠時間などを入れてみてください。そうすると、ブロックされていないところがあなたの使える時間です。こうして全体を見える化することにより、移動時間、空いている時間などが見えてくると思います。こうした時間をさまざまな活動に活用することができます。睡眠時間を削る前に、まず空き時間の活用を考えてみてください。

　なお、企業で顕著な成果をあげている「上位5％社員」は、時間をとても大切にしており、「時計を見る時間は一般社員よりも1.7倍も多く、会議では期限な時間に関して2.3倍以上の発言」をするようです[3]。

【演習6：1週間の標準的なスケジュールを作成してみる（個人）】

　図表11-3の例を参考にして、①現在の標準的な1週間のスケジュールを書き出し、②時間活用に関する問題点を抽出してください。なお、この演習はご自身のノート等を使ってください。Excelを使っても構いません。

　そして、自分がもっとも集中できる時間帯を蛍光ペンなどで網掛けしてみてください。通常、食事後すぐの時間帯は考えるような業務にはあまり向いていません。昼食後の授業

図表11-3　標準的なスケジュール記入例（ウィークリー）

	月	火	水	木	金	土	日
7:00							
7:30							
8:00							
8:30							
9:00						アルバイト	
9:30		英語			英語		
10:00							
10:30							
11:00	体育	中国語	中国語	表現力	中国語		
11:30							
12:00							
12:30							
13:00	博物館概論	宗教学	憲法	キャリアデザイン	現代教養		
13:30							
14:00							
14:30	生命科学				日本文学	アルバイト	
15:00							
15:30							
16:00							
16:30							
17:00							
17:30							
18:00	アルバイト	サークル		サークル			
18:30							
19:00							
19:30			アルバイト				
20:00							
20:30							
21:00							
21:30							
22:00							

(3)越川慎司（2020）『AI分析でわかった　トップ5％社員の習慣』ディスカヴァー・トゥエンティワン、PP.17-18。

はどうしても眠くなる傾向にあります。それと同じです。ですから、取り組む内容によって、時間帯を分けてほしいのです。集中しなければならないことは午前中に入れるなどです。自分の集中できる時間帯を発見し、思考が必要な学習と作業系のことに分けて時間を使うことをお勧めします。

　また、１分を大切にしてください。たとえば、英単語を覚えようと、綴りを書くとすれば、１分間で数回書けるはずです。

（6）関係性を考える

　何かを学んでいたり、アルバイトに取り組んでいたりすると、どうしてもズームインの思考になりがちです。しかし、関係性を考えてほしいのです。その学びは将来の仕事にどのように関わってくるのか、このアルバイトはどんなことに役立つのかなど、関係性を考えてほしいのです。科目間の関係性、将来の仕事との関係性など、単体で考えるのではなく、関係性を考える習慣をつけてください。

（7）学びをデザインする

　何を学び、どのような資格を取得するかなど、いろいろと考えることがあると思います。こうしたとき、自分が将来どうありたいかという将来の目標、キャリア形成が決まっていると、より実効性の高い学びのデザインが可能となります。先を見通し、学びをデザインしてください。

　それでは、本 Chapter で学んだ20項目の成長の秘訣について、次の手順にしたがって演習に取り組んでください。この演習は長期間に渡るものですから、テキストの表をExcel で作成するなどして、おこなってください。

　なお、「目的思考力」と「傾聴力」は、Chapter 9 第４節にも「社会人になるために大切な思考・行動、意識・態度」の中にありました。この２つは、まずひとりの大人として大切なものです。

【演習７：成長のための20の秘訣の習得（個人）】

①自己評価：現状での評価を４段階でおこなう（４…できている、３…ある程度できている、２…まだまだ不十分である、１…まったくできていない）

②優先順位：着手時期に「○」をつける

③改善方法：どのような方法でおこなうかを具体的に示す

④結果の考察：定着したのか、それともまだ要改善かを振り返る

編	No.	項目	自己評価 4段階で評価	優先順位（着手）								改善方法 どのような方法で おこなうか	結果の考察
				1年 前期	1年 後期	2年 前期	2年 後期	3年 前期	3年 後期	4年 前期	4年 後期		
学習・探究活動編	1	状態目標の宣言	1・2・3・4										
	2	学びの活用・接続力	1・2・3・4										
	3	目的思考力	1・2・3・4										
	4	振り返り	1・2・3・4										
	5	面倒くさがらない	1・2・3・4										
	6	決める	1・2・3・4										
	7	チャレンジする	1・2・3・4										
	8	アウトプットする	1・2・3・4										
	9	思考と作業の分離	1・2・3・4										
人間理解編	10	自己相対化	1・2・3・4										
	11	傾聴力	1・2・3・4										
	12	他者理解	1・2・3・4										
	13	認める	1・2・3・4										
キャリア形成編	14	自責で考える	1・2・3・4										
	15	修正力	1・2・3・4										
	16	視点の転換	1・2・3・4										
	17	本気度	1・2・3・4										
	18	時間を大切にする	1・2・3・4										
	19	関係性を考える	1・2・3・4										
	20	学びをデザインする	1・2・3・4										

　大学の授業は原則として前・後期に分かれていますから、たとえば、1年生前・後期で学習・探究編、2年生前期で人間理解編に取り組む、もしくは苦手度、必要度に応じてまず区分してみるなど、大まかな計画を描きながらおこなってください。

　ポイントは改善方法を具体的に描けるかにかかっています。いつから、どのような方法で着手するかを具体的に描く必要があります。この場合の具体的とは、自分がこの内容を読んで行動に移せる水準です。

　ここはひとりでの取り組みになっていますが、友だちと改善方法や進捗を共有することも重要です。ひとりで向き合うことも大切ですが、改善に着手するようになったら、お互いに励ましあいながら、楽しく取り組んでください。

〈参考文献〉

樺沢紫苑（2018）『学びを結果に変える　アウトプット大全』サンクチュアリ出版。

中原淳（2018）『働く大人のための「学び」の教科書』かんき出版。

齋藤孝（2021）『本当に心の「強さ」ってなんだろう？』誠文堂新光社。

リチャード・テンプラー著、桜田直美訳（2021）『できる人の考え方のルール』ディスカヴァー・トゥエンティワン。

Column

振り返りは成長の種探し

　振り返りの重要性は本文のなかでもお伝えしていたかと思います。東京・港区にある聖心女子学院のシスター大山江理子校長は、初等科保護者向けの『聖心だより』（毎月発行）のなかで、振り返りの大切さをしばしば述べておられます。そのなかに、「振り返りは成長の種探し」ということばがありました。自分の成長のために気づきを与えてくれるのも、振り返りのおかげです。過去を振り返り、「成長の種」を探すことにより自分と向きあってこそ、新たな気づきも生まれ成長へとつながります。

　皆さんの振り返りシートを拝見していると、「成長したい」という意思を強く読み取ることができます。成長したいという意思は大切ですが、そのためには何を修正すべきか、どこを改善すべきかなどの課題発見が不可欠です。

　日々の活動を振り返っていると、思い出すことは、「なんでこんなことをいってしまったのだろう」など、どちらかというと嫌なこと、思い出したくないこともたくさんあると思われます。わたしも同じです。しかし、大人になると、友だちや職場の同僚でも、余程のことでもない限り、あまり注意してもらうことはありません。誰だって嫌われるようなことはいいたくありませんね。小学生くらいまでは、お互いにいい合ったり、保護者から注意を受けたりします。しかし、大人になるにつれて、段々と注意をしてもらえなくなってしまいます。つまり、自分で気づくしかないんです。その気づくための方法が振り返りです。今日１日のことを振り返り、「成長の種」を探し続けてください。

　日々の振り返りは机に向かわなくてもできます。帰宅途中の電車、歩いているときなど、機会はあるものです。毎日、５分間、どうか振り返りの時間をつくってください。

日本の課題を考える①

わたしたちのおかれた状況と課題を共有するには

　「日本はどのような課題を抱えているのだろうか」「今後はどうなっていくのだろう」など、社会全体を理解することは、自分の生き方を考える上で、あるいは進路選択にあたって、大変重要なことです。また、自分が取り組もうとしている研究は社会のどの部分とつながっているのかを考えることも大切です。しかしながら、学生の皆さんが日常生活の中で、日本の課題を実感することは、そう多くはないのかもしれません。そこで、このChapter では、世界のトレンド、日本の抱えている課題について「自分事」として捉えるとともに、自分の研究とのつながりも探索しましょう。

この Chapter の到達目標

□日本が抱えている課題について人口減少の側面から説明することができる。

□日本が抱えている課題を「自分事」として捉え、そのことについて自分なりに探究し、発表できる。

□日本の食料自給率のデータから、日本の食料安全保障上の課題を2つ以上説明することができる。

□農業と関係している業界を3つ以上あげることができる。

1 ▶ 日本を知るための演習

　まず、次のクイズにチャレンジしてみましょう。

【演習1：日本の課題を考える（個人）】

チェック	問題	解答
□	①総人口	
□	②高齢化率	
□	③合計特殊出生率	
□	④育児休業取得率（男性・女性）	
□	⑤エネルギー自給率	
□	⑥食料自給率（カロリーベース）	
□	⑦日本の国家予算（一般会計）	
□	⑧日本のGDP（国内総生産）世界ランキング	
□	⑨日本の1人あたりGDP世界ランキング	
□	⑩非正規雇用労働者率	

　皆さんも、日本が深刻な少子化・超高齢化、人口減少に見舞われていることはご存じだと思います。しかし、正確なデータは必ずしも把握していないものと思います。こうした日本の課題が皆さんのキャリア形成にどのような影響を及ぼすのかを考えるにあたり、まず正確なデータを把握しておきましょう。いずれも、関係省庁等のホームページで公表されています。

2 ▶ 少子超高齢社会

(1)社会に影響を与える4つの要因

　今後の社会に影響を与える4つの要因として、①テクノロジーの進化、②グローバル化の進展、③人口構成の変化と長寿化、④エネルギー・環境問題があげられます。いくつか例をあげて説明します。

---

①「テクノロジーの進化」とは、多くの技術が開発され実用化すること（特に ICT （Information and Communications Technology）や AI（Artificial Intelligence）の分野）で、わたしたちの生活が便利になり、働き方や暮らし方が変わることを指します。今や大学の授業も自宅でオンライン受講できるようになりました。

②「グローバル化の進展」とは、ICT の技術によって世界中がひとつにつながることを指します。皆さんが自宅に居ながら外国の友人と一緒にゲームができることもグローバル化の実例のひとつです。

③「人口構成の変化と長寿化」とは、世界的にみて平均寿命の伸びによって高齢者が増えていることや人口の増加率が鈍っていることを指します。日本の合計特殊出生率も低下しています。

④「エネルギー・環境問題の深刻化」とは、地球温暖化の影響で自然災害が増えることやエネルギー価格が高くなって、わたしたちの生活に影響を与えることを指します。

　新聞記事やニュースだけでなく、皆さんの周りでも思い当る事例があるでしょう。この章では特に人口構成の変化と長寿化の側面から日本について考えます。

(2)急速な人口減少

　図表12-1のグラフは、1950年から2070年までの日本人口の推移を表したものです。2022年の日本の総人口は1億2,495万人、65歳以上人口は、3,624万人となり、総人口に占める割合（**高齢化率**）は29.0％となっています。15歳から64歳までの「**生産年齢人口**」は7,421万人です。今後、人口は減少し続けて2070年には日本の人口は8,700万人になると推計されています。生産年齢人口も2070年には4,535万人となります。さらに高齢化率

図表12- 1 高齢化の推移と将来推計

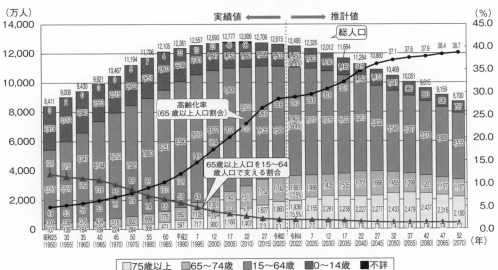

出所：内閣府『令和5年版高齢社会白書』P.4。

は2022年には29.0％でしたが、2070年には38.4％に達して、皆さんが高齢者になる頃には、人口約2.5人に1人が高齢者という事態になります。

　内閣府が発表している『令和5年版高齢社会白書』[1]によると、「先進諸国の高齢化率と比較して、日本は2005年にはもっとも高い水準となり、今後も高水準が続くと見込まれている」と述べられています。現在、日本は世界一の超高齢社会であり、当分はこの状況が続くということです。韓国、シンガポール、中国なども今後は急速に高齢化が進み、2070年頃には日本と同じくらいの水準になると推計されています。

　なお、用語（国際連合による定義）を紹介しておきます。

高齢化率	全人口に占める65歳以上の人口の割合
高齢化社会	高齢化率が7％を超えた社会
高齢社会	高齢化率が14％を超えた社会
超高齢社会	高齢化率が21％を超えた社会
生産年齢人口	15歳から64歳までの人口（OECDによる定義）
合計特殊出生率	15～49歳までの女性の年齢別出生率を合計したもの（OECDによる定義）

　それでは、生まれてくる子どもの数はどのように変化しているのでしょうか。少子化も深刻です。

　第2次ベビーブームと言われた1973年を境に、出生数、合計特殊出生率ともに下がり続け、2020年には1.33、コロナ禍の影響もあり、2022年には1.26、出生数も80万人を

図表12-2　日本の出生数と合計特殊出生率の推移

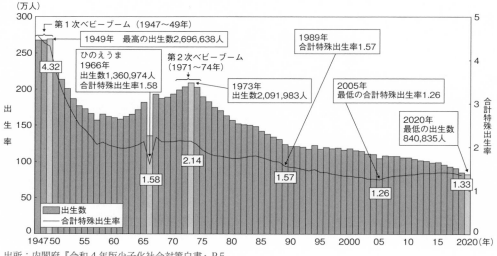

出所：内閣府『令和4年版少子化社会対策白書』P.5。

切ったと推計されています。これらの現状から、日本は生まれてくる子どもが少なく、高齢者が多い「少子超高齢社会」と呼ばれています。**「少子超高齢社会」**には、どのような課題があるのでしょう。内閣府が2015年に発表した「選択する未来委員会報告」[2]によると次の4つの課題があげられています。

課題1．経済規模の縮小

　経済活動はその担い手である生産年齢人口に左右されます。2070年には、2020年と比較して3000万人も減少します。また、人口減少は国内市場の縮小をもたらし、投資先としての魅力が低下。イノベーションを生じにくくさせることで成長力が低下していくおそれがあります。

課題2．基礎自治体の担い手の減少、東京圏の高齢化

　2040年には総人口が1万人未満となる地方自治体が523市町村（全体の29.1％）と推計され、行政機能をこれまで通りに維持していくことが困難になる自治体が地方圏を中心に増えることが危惧されています。また、東京圏においても人口減少や高齢化が急速に進み、グローバル都市としての活力が失われる可能性があります。

課題3．社会保障制度と財政の持続可能性

　このまま人口減少と高齢化が進むと、2060年には高齢者1人を現役世代1.3人で支えることになり、社会保障に関する給付と負担とのアンバランスを強めると推計されています。また、経済が縮小する中では、財政の国際的な信認を損ないやすくなります。

---

(2)内閣府（2015）「選択する未来委員会　人口推計から見えてくる未来像」PP.29-32（https://www5.cao.go.jp/keizai-shimon/kaigi/special/future/sentaku/index.html）。

課題４．理想の子ども数を持てない社会

「第16回出生動向基本調査」[3]によると、理想の子どもの数は2.25人。子どもを持つ理由の最多は「子どもがいると生活が楽しく心が豊かになるから」と答えています。しかし、合計特殊出生率は下がり続けています。理想の数の子どもを持たないのは「子育てや教育にお金がかかりすぎるから」が最多の理由です。

(内閣府（2015）「選択する未来委員会　人口推計から見えて来る未来像」をもとに引用・作成)

　人口減少社会においては、単に人口が減少するだけでなく、経済や国の財政、社会保障、地方での過疎化の進展などさまざまな方面にも大きな影響が及ぶことがわかります。いうまでもなく、私たちの暮らしにもその影響は及びます。図表12-1によると、2020年には約7,500万人である生産年齢人口が2070年には約4,500万人になります。単純に現在2人でおこなっている仕事を1人でおこなう必要があるということです。もちろん、2070年にはAIや技術革新によって補われる部分もあるでしょうが、人間の関わりが欠かせない分野もあります。「3,000万人の働き手減少」が、私たちの暮らしにどのような影響を与えるのか想像してみましょう。コンビニエンスストアやスーパーマーケットにいつも商品が並んでいるという生活が続けられるでしょうか。道路・水道などインフラの工事現場、介護サービス、モノを運ぶなど自動化しにくいさまざまな場面を思い浮かべて考えてください。

【演習２：働き手が3,000万人減少すると暮しはどうなるか　（グループ）】

　リクルートワークス研究所の「未来予測2040」[4]によると、ドライバーの職種については、2030年に37.9万人、2040年には99.8万人の労働供給不足に達することが推定され、特にドライバーのなり手が少ない都市圏以外では、配送が全くできない地域、著しく遅配

---

(3)国立社会保障・人口問題研究所（2022）『第16回出生動向基本調査』P.67（https://www.ipss.go.jp/ps-doukou/j/doukou16/doukou16_gaiyo.asp）。

(4)リクルートワークス研究所（2023）「未来予測2040」P.7（https://www.works-i.com/research/works-report/item/forecast2040.pdf）。

することが前提となる地域が生まれてくるだろうと示されています。

　以上、日本が抱える「少子超高齢社会」を概観しました。「少子超高齢社会」と聞いただけでは実感しにくい現状や将来が、「自分事」になったでしょうか。社会課題が多いということは、それらを解決するためにたくさんの新しい技術や製品、サービスが必要になり、新しいビジネスや仕事が発展する余地があることも示しています。人工知能の発達やIOT（Internet of Things）、ロボティクスの進化、柔軟で多様な働き方などが、新しいビジネスの創出に寄与するでしょう。これらを踏まえて、今後発展しそうな商品・サービス、あるいは仕事、ビジネスにはどのようなものがあるでしょうか。ひとつの事例を紹介します。

> 地元にあるリソースを元手に、ICT技術を使って地元の人たちが地元で働き、働き甲斐や生きがいを見出した例です。徳島県上勝町（かみかつ）は人口約1,400人、65歳以上の人口が50％以上を占める山間の町です。元々はみかんなどの栽培で生計を立てていたのですが、1981年の異常寒波のためみかんが枯死してしまう事態となりました。なんとか地元の高齢者や女性が働ける場はないものかと思案した結果、当時農協職員だった横石知二氏が思いついたのが、「つまものビジネス」でした。「つまもの」とは、日本料理のお皿に、季節感を演出するために添えられる葉っぱや花のことです。上勝町は山間の町ゆえに、これらの「つまもの」が自生していたこと、商品が軽くきれいで高齢者や女性でも収穫等に負担が少なかったこと、大阪・京都など大きな市場が近くにあったことも幸いしたようです。最初は市場から注文が入ると電話やFAXを使って担当者を決めていましたが、参加する農家が増えたため、1999年にITシステムを導入し、取引先からの注文を農家に向けて一斉に配信する仕組みが作られました。現在は高齢者がパソコンやタブレットを使用して受注希望をかけ、自分で売上を管理しています。農家同士が切磋琢磨してより高品質の商品を市場に出せるようになり、現在、「つまものビジネス」の売上は年間2億円だそうです。雇用が創出されただけでなく、生きがい、働き甲斐ができたため、医療費も削減されたということです。
> （横石知二（2007）『そうだ、葉っぱを売ろう！過疎の町、どん底からの再生』[5]をもとに作成）

　人口減少社会のビジネスのヒントのひとつは、この上勝町の例のように、これまで働こうとしても思うように働けなかった人たちが働き甲斐をもって自立して働ける場を創出すること、地域に眠っているリソースを掘り起こすこと、うまくテクノロジーを使いこなすことにあるようです。ICTは人の手間を減らし、新たなビジネスの創造を可能にします。増加する高齢者は、見守りサービスのようにサービスを受ける側にもなりますが、上勝町

(5)横石知二（2007）『そうだ、葉っぱを売ろう！過疎の町、どん底からの再生』SBクリエイティブ。

の例のように仕事の主体にもなりえます。

③ ▶食料自給率から考える－世界あっての日本－

　この節で学ぶのは、タイトルにもあるとおり、日本は多くのものを輸入に頼っているという課題です。その中でも「食料」に焦点をあてて考えます。

(1)日本の食料自給率事情

　さて、ここにお弁当があります。白いご飯に梅干しとごま、卵焼き、魚、ハンバーグ、鶏のから揚げ、野菜類（しいたけ、れんこん、青菜など）、果物が見えます。さて、それぞれの食材の国内自給率はどのくらいだと思いますか。お弁当の食材を下の表から選んで、国内自給率で分類してください。

米　梅干　ごま　鶏卵　魚類　牛肉　鶏肉　野菜類　果物類

【演習３：お弁当の食材の国内自給率（個人）】

	ほぼ100%	50〜99%	10〜49%	0％〜10%未満
食材				

　「普通にコンビニやスーパーマーケットで売られているんだから国産でしょ」「いや、スーパーマーケットでオレンジを見かけるけれど、フロリダとかアメリカとかの表示があったと思う」など、頭の中にスーパーマーケットの店頭が浮かんだかもしれません。残念ながら、これらの食材の中で、重量ベースでほぼ100%国内自給と言えるのは主食用の米だけです。「令和４年食料需給表」[6]によると国内自給率は、鶏卵97%、牛肉39%、鶏肉は（鶏肉調整品を含む）50%ですが、家畜の飼料はほぼ９割を輸入に頼っていますので、実際の自給率はもっと低くなります。野菜類については79%が国内自給ですが、梅干し用の梅は輸入品が半分を占めます。魚類は54%、果物類39%、ごまの国内自給率は１％未満です。皆さんの予想と同じでしたか。「もっと国内で生産されていると思った」「やはり、そうか」いろいろな感想があるでしょう。

---

(6)農林水産省「2022年食料需給表」P.14（https://www.maff.go.jp/j/tokei/kouhyou/zyukyu/attach/pdf/zyukyu_230908.pdf）。

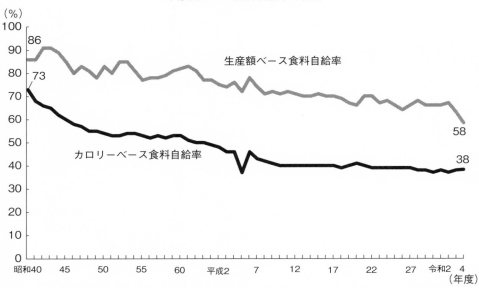

図表12-3　食料自給率の推移

・生産額ベース食料自給率とは「経済的価値に着目して、国民に供給される食料の生産額（食料の国内消費仕向額）に対する国内生産の割合」を示す
・カロリーベース食料自給率とは「基礎的な栄養価であるエネルギー（カロリー）に着目して、国民に供給される総熱量に対する国内生産の割合」を示す
出所：農林水産省ホームページ「知ってる？日本の食料事情　食料自給率・食料自給力について　食料自給率とは」参照。

　図表12-3は日本の食料自給率の推移を示したものです。生産額ベースとカロリーベースで自給率の変化を見ることができます。2022年（令和4年）のカロリーベース食料自給率は38％となっています。つまり、私たちの食卓は多くの国からの輸入食材に支えられています。このことは裏返すと、何らかの理由で食料の輸入が完全に止まった場合、6割の食材がなくなることを意味します。因みにカロリーベースでアメリカの食料自給率は121％、フランス131％です。残念ながら、日本の食料自給率は諸外国と比較しても低い水準にあります。

　なぜこのような状況になったのか、農林水産省が発表している「aff 2023年2月号」[7]によると、「**食生活の洋風化**」と「**農家の減少**」があげられています。図表12-4は1965年と2021年の品目別カロリーベースの食料自給率を比較したものです。1965年当時、日本人はたくさんの米を中心とした食生活を送っていました。この米中心の食生活は、現代に近づくにつれて洋風化し、畜産物や油脂類の消費が増えていることがわかります。また、米の消費が減ったことや産業構造が変化したために農業従事者数は1965年当時894万人から2021年には130万人に、農地面積は600万haから435万haに減少しています。

(7)農林水産省 aff（あふ）2023年2月号「日本の『食料』を学ぶ」（https://www.maff.go.jp/j/pr/aff/2302/spe 1_01.html#main_content）。

図表12-4 食料消費構造の品目別供給熱量自給率 1965年と2021年の比較

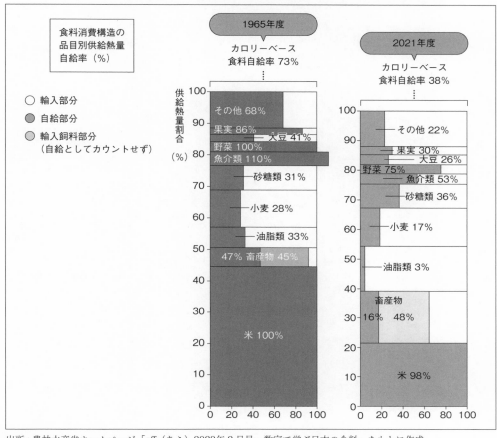

出所：農林水産省ホームページ「aff（あふ）2023年2月号 数字で学ぶ日本の食料」をもとに作成。

　先ほど、「何らかの理由で日本に食料の輸入が完全に止まった場合」と示しましたが、日本が他の国から食料を買えなくなる、日本に食料が輸入されなくなる場合とはどのような事態が考えられますか。最近、パンやパスタ、卵など食品の価格があがっています。その理由なども調べて考えましょう。

【演習4：日本に食料が輸入されなくなるときとは（個人）】

　図表12-5のグラフは、2000年以降の主な穀物の生産量、消費量等の推移をその要因

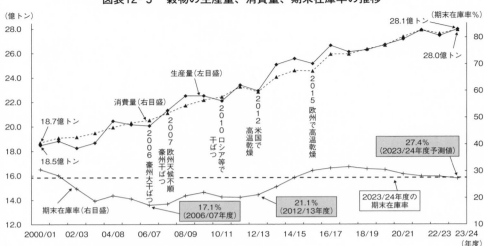

図表12- 5　穀物の生産量、消費量、期末在庫率の推移

資料：USDA「World Agricultural Supply and Demand Estimates」(November 2023)、「PS＆D」

（注）：なお、「PS＆D」については、最新の公表データを使用している。

出所：農林水産省ホームページ「知ってる？日本の食料事情　海外需給インフォメーション　世界の穀物需給及び価格の推移」をもとに作成・加工。

とともにグラフにしたものです。生産国における干ばつや天候不順によって穀物の生産量が大きく変動していることがわかります。干ばつによって穀物が不作になると、まずは自国民のために食料を確保します。また、戦争が起こると、輸送ルートの安全性が確保できなくなって物流が滞ります。さらには、今後も世界の人口は増え続けるので、もっと多くの食料が必要になり、食料の争奪戦が起こる可能性もあります。

　国際連合食糧農業機関（FAO：Food and Agriculture Organization of the United Nations）では、「全ての人が、常に活動的・健康的生活を営むために必要となる、必要十分で安全で栄養価に富む食料を得ることができるとき、食料安全保障が実現しているといえる」と定義しています。わたしたちは**「食料安全保障」**という側面から考えると、とてもリスクが高い世界に暮らしていることがわかります。しかしながら、日本だけが大量の食料を輸入して備蓄できれば良いという考え方ではなく、世界全体の食料安全保障を視野に、わたしたちは何ができるのかを考えなくてはならない時代になっています。

　さて、農業関連の仕事や業種をどのくらい知っていますか。稲作を例に、できるだけたくさんの業種や仕事を吹き出しの中に書き入れてください。

【演習5：稲作に関わる業種や仕事をあげてみましょう（個人⇒グループ）】

「そう言えば、今、どのようにして米は作られているのだろう」と改めて考えた人もいるでしょう。「稲作に関わるモノやサービスはこんなに多いんだ」と驚いた人もいるのではないかと思います。農林水産省では、食料自給率の目標を設定しています。2030年度までに、カロリーベース総合食料自給率を45％、生産額ベース総合食料自給率を75％に高めるのが目標です。国内の農業が存続して安定的に食料を生産し、供給し続けるために、わたしたちは改めて農業や農村をよく知る必要がありそうです。

（2）SDGs とわたしたち

この Chapter では、「食料自給率」の側面から、世界の中の日本を見てきました。今後、日本はさらに世界との結びつきを深めるでしょう。このような社会では、島国である日本に住んでいる自分たちの行動も世界に深くつながっています。その例を「食品ロス」

図表12-6　食品ロスの発生要因の内訳

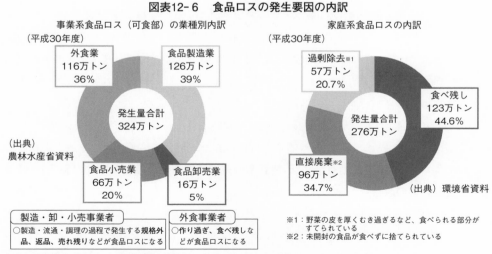

出所：消費者庁「食品ロス削減関係参考資料」（2021年8月26日版）、P.7をもとに作成。

図表12-7　食品ロス削減と SDGs17のゴールとの関連性

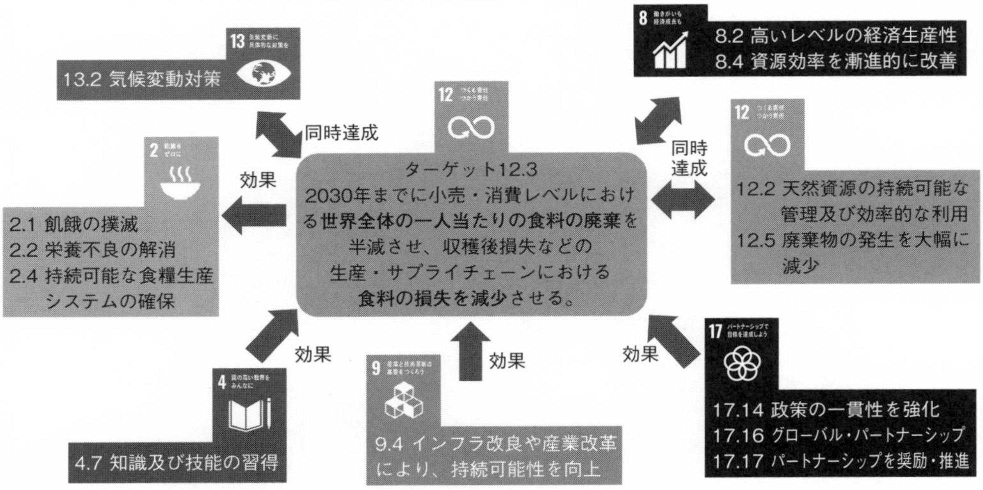

出所：消費者庁「食品ロス削減関係参考資料」（2021年8月26日版）、P.16をもとに作成。

から考えましょう。

　日本ではまだ食べられる食品がさまざまな理由で破棄されています。「食品ロスの削減」は日本の大きな課題です。図表12-6は食品ロスの発生要因の内訳を家庭系と事業系にわけて表した図です。2018年の年間の食品ロスは600万トン、内訳は家庭系食品ロス276万トン、事業系食品ロス324万トンでした。食品ロスの発生要因をみると、私たちが日常生活の中で「買い過ぎない」「食べ残さない」「野菜や果物の見た目にこだわらない」など少し意識して行動に気を付ければ削減できそうです。

　では、わたしたちのこうした日常生活での行動は、世界にどのようにつながるのでしょうか。この課題を考えるうえでヒントになるのが持続可能な開発目標（SDGs：Sustainable Development Goals）の視点です。SDGs のことは、すでに皆さんはよく知っていると思いますが、2015年9月に国連本部で採択された「持続可能な開発のための2030アジェンダ」です。2030年に向けて、17の持続可能な開発目標と169項目の具体的なターゲットが設定されています。図表12-7は、食品ロス削減と SDGs17のゴールとの関連性を示したものです。

　17の目標の2番目の「飢餓を終わらせる」「食料安全保障及び栄養改善を実現」「持続可能な農業を促進させる」につながることは皆さんも理解していると思います。実は、それだけではなく、**「気候変動対策」「天然資源の持続可能な管理及び効率的な利用」「経済成長と資源効率の改善」**など、食品ロスを削減することでいくつもの目標を同時達成できるとしています。「すぐに成果がみえないとやる気がおきない」「わたし一人が頑張っても無理」「遠い世界のことで自分には関係ない」と、なかなか行動に移せない人たちがいるかもしれません。しかし、グローバル化した社会では、わたしたちの行動が世界に影響を

与え、その影響は身近なところに戻ってきます。世界的な気候変動は、干ばつによる小麦や飼料穀物の不作による食品の値上がりを引き起こし、わたしたちの暮らしを経済的に圧迫しています。スティーブ・ジョブズ氏はスタンフォード大学卒業式の式辞の中で「将来をあらかじめ見据えて、点と点をつなぎあわせることなどできません。できるのは、後からつなぎ合わせることだけです。だから、我々はいまやっていることがいずれ人生のどこかでつながって実を結ぶだろうと信じるしかないのです。」[8]と述べています。持続可能な社会のために、どのような行動が求められるのか、生活に近いところから持続可能性を高めるローカルSDGsの積み重ねが、目標達成につながります。

　市民として個人としてだけでなく、もっと直接的に企業活動の中で、食品ロスを削減したいと考える皆さんもいるでしょう。株式会社クラダシ[9]のように、食品ロス削減を主要な事業活動とする会社も増えてきました。個別の会社だけでなく、日本経済団体連合会が2017年に発表した「企業行動憲章」はSDGsを強く意識したものになっています。日本企業全体としても、単なるCSRを超えて企業活動の1つとしてSDGsを位置付けて取り組もうとしています。どのような観点で企業をみればいいのか、保本正芳氏らは著書『自分ごとからはじめよう　SDGs探求ワークブック』[10]の中で、以下のような観点を示しています。

〈原材料〉
□環境に配慮した持続可能な材料を使用しているか
□海外の取引先およびその下請けは児童労働や環境破壊をしていないか
〈物流〉
□過剰包装削減のための取組を実施しているか
□フードマイレージなど、地産地消の取組を推進しているか
□フェアトレードなど、適正な価格で継続的に取引する取組を行っているか
〈製造過程〉
□省エネルギーや廃棄ゼロの目標が数値化されているか
□従業員の意識レベルまで徹底しているか
〈人材〉
□スタッフに多様性（障碍者・外国人・女性など）があるか
□ジェンダー平等（女性活躍など）を実現しているか
□働き方改革が推進できているか

---

(8)実際のスピーチでは、次のように述べています。You can't connect the dots looking forward. You can only connect them looking backwards. So you have to trust the dots will somehow connect in your future.
(9)株式会社クラダシホームページ　https://corp.kuradashi.jp/
(10)保本正芳・中西將之・池田靖章（2019）『自分ごとからはじめよう　SDGs探求ワークブック』noa出版、P.99。

　皆さんが興味・関心を持っている企業について、このリストにいくつ該当するか調べましょう。SDGs にきちんと取り組んでいる企業は持続可能性が高く、将来性もある企業であると言えます。自分のキャリアを SDGs の視点から考えることは、これからを生きる皆さんにとって持つべき視点のひとつです。

〈参考文献〉
横石知二（2007）『そうだ、葉っぱを売ろう！過疎の町、どん底からの再生』SB クリエイティブ。
リンダ・グラットン著、池村千秋訳（2012）『ワーク・シフト』プレジデント社。

Column

映画から学ぶキャリアデザイン

　みなさんは、「おくりびと」という映画をご存じですか。ひょんなことから「納棺師」という仕事をすることになった青年の話です。

　主人公は、チェロ奏者として東京で働いていましたが、チェロの仕事を諦めて故郷の山形に帰ります。そしてちょっとした間違いから「納棺師」の仕事に取り組むことに。

　そこから主人公は、孤独死やバイク事故で亡くなった少女などさまざまな死に立ち会います。仕事への周りの偏見から心ない言葉を浴びせられ、何度か「辞めよう」と考えるのですが、不思議と立ち直って納棺師の仕事に取り組みます。

　なぜ、主人公は納棺師の仕事を続けるのか……学生の皆さんに尋ねると「尊敬できる社長とめぐりあったから」「妻に仕事を認めてもらいたかったから」「主人公は、人の心を癒すことにやりがいを感じたから」「自分にしか救えない人たちがいるとわかったから」とさまざまな感想が出てきます。皆さんそれぞれが主人公に自分の目線を重ね、キャリアを深く理解しようとしていることに驚くこともしばしばです。

　仕事や職場を舞台にした映画はたくさんあります。わたしたちはこれらの映画を観ることを通じて、現実とは違う視点から仕事の世界や働く人たちを想像し、キャリアデザインを深く理解できることがあります。職場を舞台にした、あるいは仕事をする人を主人公にした映画をどんどんみてください。そして、仕事の世界への理解を深めてください。

　いやぁ～、映画っていいですね。

日本の課題を考える②
世界から見た日本とは

　「グローバル化」「グローバリゼーション」といった言葉はもはや日常的になりました。皆さんは「グローバル化」という言葉を聞いてどのようなイメージを持ちますか。「英語が話せるのは必須」「海外と直接つながる」「日本以外で働く」といったイメージでしょうか。「グローバル化」とは一般的には「資本や労働力の国境を越えた移動が活発化するとともに、貿易を通じた商品・サービスの取引や、海外への投資が増大することによって世界における経済的な結びつきが深まること」を意味します。また、日本は食料やエネルギーの多くを輸入に頼っています。日本が世界とより一層結びつきを強めている現在、世界の中で日本のポジションはどのように変化しているのか、日本が抱える特有の課題は何なのかを考えます。

> ### このChapterの到達目標
> ☐身近な衣食住について、グローバル化の影響を指摘することができる。
> ☐世界の中での日本の立ち位置を、経済のいくつかの指標を使って説明することができる。
> ☐世界の中の日本という視点から、これからの自分に求められる姿勢や考え方、能力を理解し、大学生活の中で培えるように行動することができる。

1 ▶ 世界の中の日本を考えるための演習

　皆さんが日常生活を送るなかで、「海外・世界」とつながっていると思うのはどのような瞬間ですか。「買い物に行ったとき」「テレビを見ているとき」など、複数の場面を思い浮かべて具体的にあげてください。

【演習1：自分の生活と世界との関りを考える（個人）】

日常生活のなかで感じる「海外・世界」の例

　皆さんがシャツなどを購入すると、必ず裏地にはタグが付いています。そこには、素材の組成や洗濯方法などと共に、生産された国の名前も書かれています。中国、カンボジア、バングラデシュ、インドネシアといったアジアの国々からベネズエラなど南米の国まで、さまざまな国の名前が読み取れます。家電量販店で見かけるブランドも日本のものばかりではありません。このように、わたしたちの暮らしは他の国々と強く結びついています。

　また、最近の出来事の中で、皆さんが国と国との結びつきの強さを実感したのは、新型コロナウィルスによる感染症のパンデミックだったのではないでしょうか。2019年12月に中国で発生した新型コロナウィルスによる感染症は、瞬く間に世界中に広がりました。人の移動が地球規模になっている現代においては、ある地域で起こった出来事が遠く離れた地域にまで拡大します。

　一方で、日本は島国で直に他の国と国境を接していません。さらに公用語として日本語を使うために、日常的に外国語のニュースに接したり、外国の新聞を読む人はそれほど多くありません。そのため、ともすれば世界の変化を肌で感じることがどうしても少なくなりがちです。

　しかし、世界は大きな変化の中にあり、それは日本にいるわたしたちにも少なからず影響を与えています。世界の中で日本はどのような立ち位置にあるのかをいくつかの側面から考えます。

　まず、世界を鳥瞰しましょう。世界地図を描いてください。大陸がわかるおおまかなもので構いません。

【演習2：世界地図を描く　（個人）】

　多くの食料を輸入に頼っていることは、Chapter12でも学びました。今後、国名などがあがったとき、どの大陸に所属しているのかといったことがわかると、その国をイメージ

しやすいと思います。大まかな大陸の位置をつかんでおきましょう。

②▶経済統計からみる日本の現状

　Chapter12で学んだことの復習です。2023年、日本の人口はおよそ１億2,000万人ですが、このところ、１年でおよそ70万人ずつ減少しています。経済活動はその担い手である**生産年齢人口**に左右されるため、人口減少社会の課題として、経済規模の縮小があげられていました。そこで、経済規模を表す代表的な統計として、GDPを取りあげます。

　GDPとはGross Domestic Productの略で、日本語では「国内総生産」と呼ばれています。１年間に国内で産み出された付加価値の総額です。付加価値とは、一言でいうと儲けのことです。よって国内でどれだけの儲けが産み出されたか、経済規模を表す数字としてよく使われます。

　図表13-１は、GDP（国内総生産）の世界ランキングの2030年と2050年の予想図です。2022年度の世界GDPランキングでは、日本はアメリカ、中国についで第３位ですが、2030年には４位、2050年には７位になると予想されています。

　国民一人当たりのGDPにおいても、日本は2000年には世界第２位でしたが、2010年には18位、2022年には30位になり、大きく後退しています。

　それでは、図表13-１より今後GDPが増えていく国々にはどのような特徴があるか、考えましょう。

図表13-１　世界のGDPランキングの推移予測（単位：兆ドル）

順位	2030年	2050年
1	中国（36,112兆ドル）	中国（61,079）
2	米国（25,451）	インド（42,205）
3	インド（17,138）	米国（41,384）
4	日本（6,006）	インドネシア（12,210）
5	インドネシア（5,486）	ブラジル（9,164）
6	ブラジル（4,996）	メキシコ（8,014）
7	ロシア（4,854）	日本（7,914）
8	ドイツ（4,590）	ロシア（7,575）
9	メキシコ（3,985）	ナイジェリア（7,345）
10	英国（3,586）	ドイツ（6,338）

出所：経済産業省「未来人材ビジョン 審議会事務局資料（2021年12月７日）」P2。

【演習 3：2050年に GDP が上位にランキングされている国にはどんな特徴があるか（個人⇒グループ）】

　GDP の増加には人口の増加が寄与すると言われています。

　次に、日本の国際競争力に関連した統計を見ていきます。「国際競争力」の定義についてはいくつかありますが、ここではスイスの国際経営開発研究所（IMD：International Institute for Management Development）が発表している定義を紹介します。IMD では国際競争力を「グローバル企業にとってのビジネス環境の整備状況」と定義し、「経済パフォーマンス」「政府の効率性」「ビジネスの効率性」「インフラ」の 4 カテゴリー（20項目）、計333の指標から毎年スコア付けをしています。2022年版の対象国は63か国です。図表13-2 は、各国の競争力ランキングにおける日本の総合順位の推移を表したものです。

　図表13-2 の折れ線グラフをみると、日本は1989年からバブル期が終わる1992年までは 1 位でしたが、2000年には23位にまで急落しています。以降20位台を維持していましたが、2019年に30位となってからは 4 年連続で30位台になっています。 4 つのカテゴリー別の順位のなかでも「ビジネスの効率性」の順位が低く、63か国中47位にとどまっています。ランキングの高い国を見てみましょう。図表13-3 は2023年に IMD が発表した国際競争力ランキングの表です。

　これらの統計からわかることは、どの指標においても経済面での日本の国際的な地位が

図表13-2　日本の競争力ランキングの推移

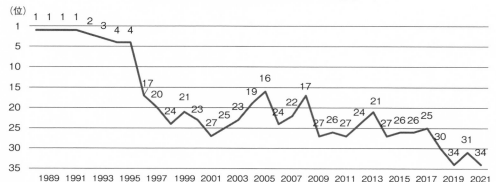

出所：三菱総合研究所ホームページ『ナレッジ・コラム　エコノミックインサイト　IMD「世界競争力年鑑2022」からみる日本の競争力　第 1 回：データ解説編』をもとに引用・作成。

図表13-3　国際競争力ランキング

順位	国名	順位	国名
1	デンマーク	11	フィンランド
2	アイルランド	12	ベルギー
3	スイス	・	・・・
4	シンガポール	21	中国
5	オランダ	27	マレーシア
6	台湾	28	韓国
7	香港	30	タイ
8	スウェーデン	35	日本
9	アメリカ		
10	アラブ首長国連邦		

出所：IMD「世界競争力年鑑2023年」をもとに引用・作成

相対的に下落していることです。働く人にとっては、働く環境について魅力に乏しい国になっているといえます。なぜこのような状況になっているのでしょうか。教育社会学が専門の東京大学教授、本田由紀先生は著書『「日本」ってどんな国？』[1]の中で、以下のような要因をあげています。

１．産業構造の変化

　1990年以降、効率が悪く賃金が相対的に低いサービス業が国内経済において拡大し、日本経済全体のパフォーマンスを引き下げた。

２．非正規雇用の拡大と正規雇用との格差拡大

　雇用の調整弁として非正規雇用を拡大させた。また、正規雇用と非正規雇用との間で、賃金をはじめとした労働条件の格差が大きく、非正規雇用を「人財」として活用してこなかった。

３．ビジネスの効率性の悪さ

　企業全体として機敏さに欠け、設備投資やIT化などの技術革新に後れをとった。働く人も長時間労働や仕事へのストレスから活力を失っていった。

　図表13-4のグラフをみると、1990年あたりから産業構成が大きく変化しているのが分かります。具体的には「その他」の就業者数が拡大し、「農林漁業」と「製造業」の就業者数が減少しています。「その他」の中身は多様ですが、「医療・福祉」の拡大がこの数値に反映しています。日本は「ものづくり大国」などと称されましたが、製造業からサービス業への転換が進んでいることが窺えます。そして、サービス業では比較的非正規雇用

---

(1)本田由紀（2021）『「日本」ってどんな国？』筑摩書房、PP.179-184。

図表13-4　産業別就業者数の推移（主要産業大分類）

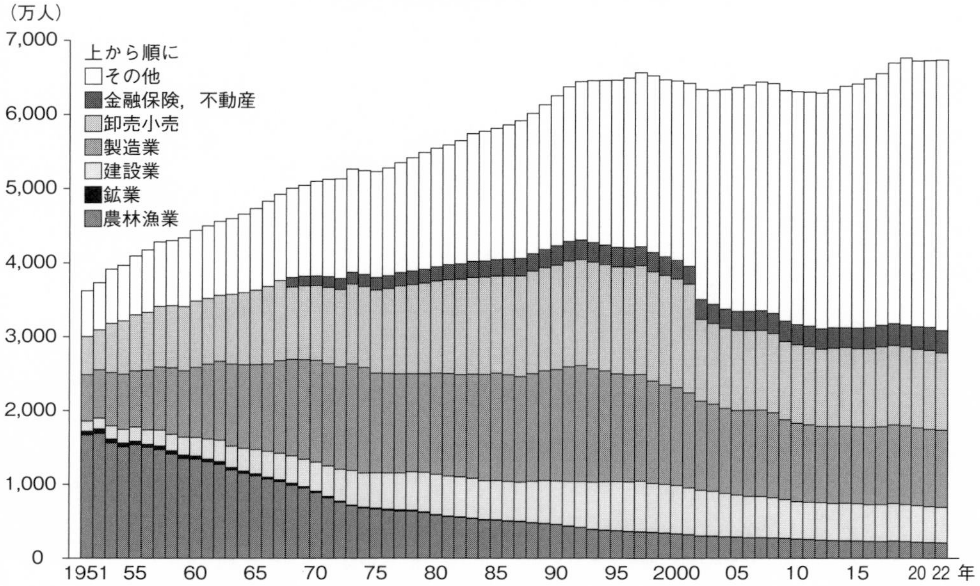

（万人）

上から順に
□ その他
■ 金融保険，不動産
▨ 卸売小売
▨ 製造業
□ 建設業
■ 鉱業
▨ 農林漁業

出所：独立行政法人労働政策研究・研修機構ホームページ「統計情報　グラフでみる長期労働統計　Ⅱ労働力、就業、雇用（産業別）」

の従業員比率が高いことも特徴的課題です。

　では、高い国際競争力を維持している国は、どのような工夫をしているのでしょう。たとえば、スイスは永世中立国としての安定性の他に、世界ランキング20位以内に入る大学を2つ持ち、高い専門教育力を持っています。また、ライフサイエンス、金融サービス、精密機械などに高い競争力を持つ企業が多数あり、輸出額がGDPの60％を占めています。さらには税制優遇政策をとり、イノベーション企業を積極的に誘致しています。このように自国の持つ優位性をみがき、時代に先駆ける先進的な取り組みで高い国際競争力を維持しています。皆さんも国際競争力が高い国を一つ選び、その国の取り組みについて調べてみましょう。

【演習4：国際競争力が高い国の取り組みとは？（個人）】

注目した国【　　　　　　　　　　　　　　　　　　　　】
国際競争力や国際人材力を上げるための取組み

　国際競争力のランキングが高い国は、いずれの国も自国のおかれている状況や今後の国

際情勢を見極めながら、自国の強みを生かして競争力を高めていることがわかったと思います。今後、日本が競争力を高め、国際社会に貢献し続けるためには国、企業、個人がそれぞれの立場で現状を正確に認識するとともに、日本の強みを生かしてどのような戦略をとるのかを議論する必要があります。皆さんも暮らしの中から、あるいは自分の専攻分野から世界に目を向けて、自分がどの分野にどのような興味を持てそうか、貢献できそうかを考えてみましょう。

③ ▶ どのような未来を描くのか

　ここまで、人口減少、食の自給率の低下、国際競争力の低下といった国内外からみた日本の課題について学びました。では、わたしたちはこれからどのような未来を描くことができるでしょうか。

　図表13-5のグラフを見てください。これは日本の経済成長率の推移を1956年から2022年までの約65年間にわたって示したグラフです。日本の経済はおおよそ、第二次世界大戦後の1950年代から1973年までの高度成長期、1973年のオイルショックから1991年までの安定成長期を経て、低成長期に移行しているといわれています。

　この経済成長率の推移は日本経済の変化を表しているだけでなく、その時代を生きてきた人たちのキャリアや価値観の変化も表しているといえます。なぜなら、経済社会のあり方はその時代の会社組織、働き方、暮らし、教育などに影響を与え、若者のキャリア形成や価値観にも影響を与えるからです。どのように価値観が変化してきたのかを見ていきましょう。

　高度成長期においては、「新卒一括採用」や「年功序列」「終身雇用」を前提とした日本の人事・採用システムが円滑にはたらいていました。よって、皆さんの祖父母世代の人たちが、年功序列や終身雇用こそが望ましいシステムなのだと考えていても不思議ではありません。この時期に「男性は稼ぎ手、女性は家庭」という性的役割分業が広がりました。一方、皆さんの親世代は、安定成長期に生まれ育っています。日本独自の人事・採用システムは綻びを見せつつも、まだまだ盤石でした。皆さんに向かって「大きな企業に入って、転職はしない方がいいよ」「女性は結婚して子どもができたら、母親の仕事優先だよ」と言うとしても、それが当たり前の時代だったのです。

　では、現在はどうでしょう。1991年からの低成長の状況は、図表13-2の日本の国際成長力ランキングの推移にも表れていました。日本の低成長の要因もある程度把握できたと思います。人々の生き方も変化しています。製造業で働く人は減少し、サービス業で働く人が増えています。非正規雇用率が40%弱になり、正社員だけでなく、パートや契約社員、派遣社員といった就業形態で働く人も多く目にします。生涯未婚率も高まり、結婚している3組に1組が離婚する時代です。人々の生き方も働き方も多様化して、人々が何

図表13-5　経済成長率の推移

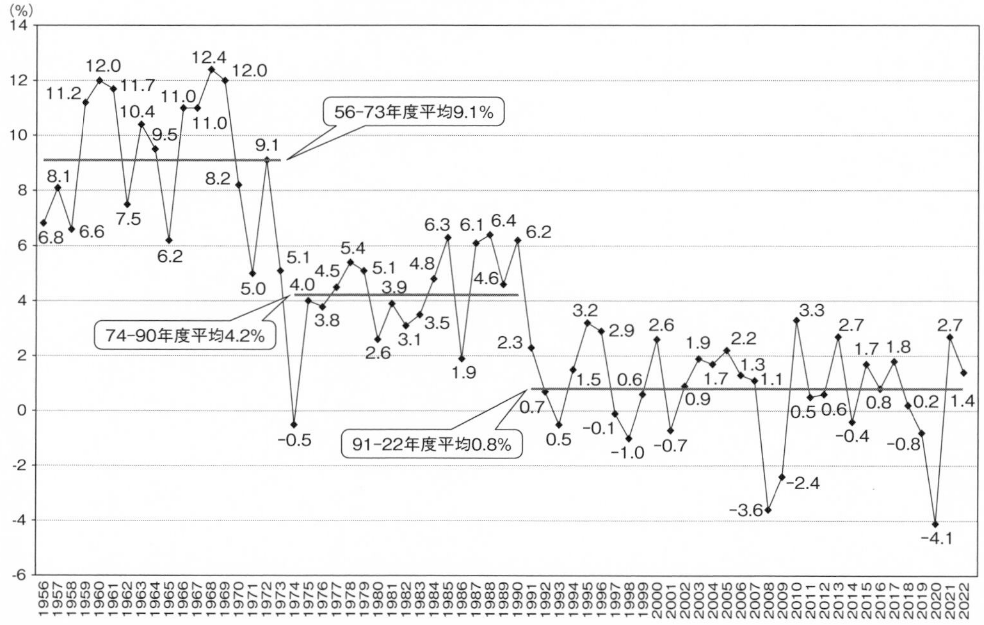

(%)

56-73年度平均9.1%

74-90年度平均4.2%

91-22年度平均0.8%

6.8　8.1　6.6　11.2　12.0　7.5　11.7　10.4　9.5　6.2　11.0　12.4　11.0　12.0　8.2　5.0　9.1　-0.5　5.1　4.0　4.5　3.8　5.4　2.6　5.1　3.9　4.8　3.1　3.5　6.3　1.9　6.1　6.4　4.6　2.3　6.2　0.7　0.5　1.5　3.2　-0.1　2.9　-1.0　0.6　2.6　-0.7　0.9　1.9　1.7　2.2　1.3　1.1　3.3　-3.6　0.5　0.6　-2.4　2.7　-0.4　1.7　1.8　0.8　0.2　-0.8　2.7　-4.1　1.4

1956 1957 1958 1959 1960 1961 1962 1963 1964 1965 1966 1967 1968 1969 1970 1971 1972 1973 1974 1975 1976 1977 1978 1979 1980 1981 1982 1983 1984 1985 1986 1987 1988 1989 1990 1991 1992 1993 1994 1995 1996 1997 1998 1999 2000 2001 2002 2003 2004 2005 2006 2007 2008 2009 2010 2011 2012 2013 2014 2015 2016 2017 2018 2019 2020 2021 2022

（注）年度ベース。複数年度平均は各年度数値の単純平均。1980年度以前は「平成12年版国民経済計算年報」（63SNA ベース）、1981～94年度は年報（平成21年度確報、93SNA）による。それ以降は2008SNAに移行。2023年4 -6月期1次速報値〈2023年8月15日公表〉
出所：社会実情データ図録、図録4400。

を大事にして生きるのかという価値観もさまざまになり、標準はなくなりつつあります。

　端的に言うと、日本は2つの時代の大きな転換期に来ています。生き方や働き方は多様化しているけれども、それらを支える社会のしくみはまだ未整備です。「どんな社会になっても適応していく力を持ちたい」と考える人もいるでしょう。もちろん、社会に適応することは大切ですが、もっと大切なのは「私たちがどのような社会をつくりたいか」「どのような未来を描きたいか」ということです。「はじめに」のところで、キャリアとは、馬車が通った後にできる轍が語源であると学びました。わたしたちは手綱を持って馬をコントロールしながら、馬車に乗って旅をしています。生き方や働き方は多様化したけれども、それをうまく支える社会の基盤は未整備で、道らしい道はまだできていません。皆さんはどのような道をつくりたいですか。

　「OECD Learning Compass 2030」[2]の中で、「複雑性や不確実性に適応し、より良い未来を創造できるようにするために、学習者は各自、より良い未来の創造に向けた変革を起こすコンピテンシーを備える必要がある」されています。コンピテンシーとは、単に知識

---

(2)OECD（2019）「OECD Learning Compass 2030」　https://www.oecd.org/education/2030-project/teaching-and-learning/learning/learning-compass-2030/OECD_LEARNING_COMPASS_2030_Concept_note_Japanese. pdf。

やスキルの習得にとどまらず、不確実な状況における複雑な要求に対応するための知識、スキル、態度及び価値のことです。

　皆さんは大学教育を受けることで、世界の大きな変化の中でどのような社会をつくりたいか、そこでどのような貢献ができるのかを学んでいます。大学で学ぶ意義や目的のひとつはここにあります。

　では、皆さんそれぞれの専門課程での学びは、未来の社会とどこでつながっているのか考えてみましょう。社会に影響を及ぼす要因は４つありました。①テクノロジーの進化、②グローバル化の進展、③人口構成の変化と長寿化、④エネルギー・環境問題です。これらを踏まえて考えてください。直接貢献できることがなくても間接的には貢献できることもあると思います。たとえば、テクノロジーの進化が引き起こした問題の現場をルポルタージュする（文学部）、グローバル化の進展に伴って複雑化した法律関係を解きほぐす（法学部）、人口減少に伴うマーケットの市場規模をシミュレーションする（経営学部）などが考えられると思います。

【演習５：未来の社会に学部での学びとして貢献できること（個人⇒グループ）】

　「思いつかなかった」という人は、これから授業を受ける際に、これら4つの要因をいつも頭の隅においてください。必ず接点が見つかるでしょう。こうしたことを考えることは、専門科目の学びへのモチベーションをあげることにもつながります。

④ ▶ 働き方の未来

　これまで学んできたように、日本は急激に人口を減少させています。特に生産年齢人口と言われる15歳から64歳までの人口は2022年の7,421万人から、2070年には4,535万人となります。このような社会では、今までの日本のように「皆がオフィスに集まって働く」「長時間働いたほうが、成果が同じでも評価が高い」「外国人は安い労働力」といった考え方・働き方では思ったような経済成長は見込めません。

　これまで学んできたように、日本はいろいろな意味で転換期を迎えています。未来を描くうえでのひとつの具体的な提言として、2016年8月に厚生労働省の「働き方の未来2035：一人ひとりが輝くために」懇談会がまとめた報告書[3]があります。この報告書では、人口減少社会を技術革新とAIの進展を武器に一人ひとりが真に働きやすい社会・環境を作っていくための提言が述べられています。2035年の日本社会で求められる働き方とはどのようなものなのでしょうか。また、それらの実現のために、私たちはどのように行動するべきなのでしょうか。

　まずは「働き方」の変化です。AIやインターネットの進化により、時間や空間にしばられない働き方ができるようになると予測されています。このような働き方が一般的になると、介護や子育て、性別や人種、国や地域といった壁がなくなって、それぞれの人が自分の能力や志向にあった働き方やスタイルを選ぶ時代になると示されています。

　続いて「働き方が変化することによる会社側」の変化です。上記のような働き方が可能になると、企業組織はプロジェクト型になって企業の内と外の垣根が曖昧になり、「正規社員と非正規社員」といった区別が意味をなさなくなり、兼業・複業も当たり前になると述べられています。

　しかしながら、この報告書に述べられている未来を実現するには、多くの創意工夫や先見性をもった取り組みが必要です。このような働き方を可能にするには、労働政策、労働

---

(3)「働き方の未来2035：一人ひとりが輝くために」懇談会（2016）『『働き方の未来2035』－一人ひとりが輝くために（報告書）』。

法制、職業教育・訓練の仕組みなどを抜本的に変えていく必要がありそうです。報告書では、「より幅広く多様な働く人を対象として再定義し、働くという活動に対して、必要な法的手当て・施策を考えることが求められる。今までの労働政策や労働法制のあり方を超えて、より幅広い見地からの法制度の再設計を考える必要性が出てくるだろう」と述べられています。さらには、さまざまな理由で職を離れた人がより適切な形で再び社会で活躍できるような、生涯やり直しができるトランポリン型セーフティネット、職業教育・職業訓練に取り組んでいくべきであると示されています。

　2035年と言えば、皆さんは30歳前後です。30歳の働いている自分を想像してみましょう。在宅とオフィスでの勤務を自由に選べているかも知れません。チームリーダーになって、外国籍の上司や部下と一緒に働いているかもしれません。新しいスキルを身に付けるために、学校に通っていることもあるでしょう。このように、自分の能力や志向にあった働き方やスタイルを選び、自立して働くためにはどのような力が必要になると思いますか。

　リンダ・グラットン氏は著書である『ワーク・シフト』[4]のなかで、皆さんのように若い世代が、変化の大きい社会の中で充実した職業生活を送るには、以下のような３つの課題に対処する力が必要だと述べています。

１.職業人生を通じて、自分が興味をいだける分野で高度な専門知識と技能を習得し続けること。

２.友人関係や人脈などの形で人間関係資本をはぐくむこと。とくに、強い信頼と深い友情で結ばれた少数の友人との関係を大切にしながら、自分とは違うタイプの大勢の人たちとつながりあうこと。

３.所得と消費を中核とする働き方を卒業し、創造的になにかを生み出し、質の高い経験を大切にする働き方に転換すること。

　皆さんが生きていく社会は、さまざまな知識や技術を活用して人口減少社会を乗り越え、働き方を大きく変化させていく社会です。一方でエネルギー・環境問題にも切実に向き合う社会になると想定されます。誰も経験したことがない難しい課題に取り組むことになるかもしれません。だからこそ、誰にでも新しい変化を起こすチャンスがある時代であるとも言えます。これまでの時代がそうであったように、皆さんの選択の一つひとつが未来の社会をつくっていきます。未来の社会をどんなふうにでも変えることができることを胸に刻んで、チャレンジを続けてください。

---

(4)リンダ・グラットン著、池村千秋訳（2012）『ワーク・シフト』プレジデント社、P.377。

〈参考文献〉

財務総合政策研究所（2020）「スイスの経済構造と主要産業の現状と課題」(https://www.mof.
　　go.jp/pri/research/conference/fy2019/jinkou202003_03.pdf)。

児美川孝一郎（2021）『自分のミライの見つけ方』旬報社。

Column

日本人は不幸なのか！？

　150以上の国と地域が対象となっておこなわれている国連の「世界幸福度報告」
（2023年）によれば、日本は47位です。一方、フランスは21位です。

　このことに関して、京都薬科大学准教授の坂本尚志先生は、日本とフランスを比較
し、失業率、殺人発生率、交通事故死者数、肥満率など、いずれのデータもフランスの
ほうが劣っているにも関わらず、フランスのほうが幸福度ランキングが高いのは、幸福
について学ぶ機会があるからということを、著書『バカロレア幸福論』（2018年、星海
社）のなかで指摘されています。フランスでは大学入学資格試験（バカロレア）にて
「哲学」が必修になっており、高校生のときから「幸福」について考える機会があるこ
とが関わっていると述べています。さらに坂本先生は、『フランス人にとって「幸福」
は、「感じる」ものであると同時に「考える」もの』ともいわれています。つまり、フ
ランス人は自分の幸せな状態を一人ひとりが考えて、その状態になれるように努力して
いるわけです。わたしたちも、自分で学びの活用や有用性を考えていければ、もっと楽
しく学べるはずです。

　皆さんも考える幸せを築いていきませんか。他者と比べて、マウントをとる充実感よ
りも豊かな人生を歩むことができます。こうしたことを考えることも、キャリア系科目
の役割です。自分自身でジブンの幸せな状態を考えてみてください。

　フランスの哲学者モンテスキューも、次のようなことばを残しています。

　「われわれが幸せになりたいと望むだけなら簡単だ。しかし、他者よりも幸せになり
たいと望むなら簡単ではない。われわれは他者のことを実際以上に幸せだと買いかぶっ
ているからだ」

卒業までの計画を策定する

あなたは何ができるようになって卒業するのか

　何を学び、その延長線上にどのようなキャリアを歩んでいくのか。最後は現時点での目標を設定し、それに向けて、どのような活動をするかを具体的にプランニングしてみましょう。もちろん、これからの学びや取り組みにより、考え方が変わることもあるでしょう。そのときは軌道修正をすればよいのです。大切なことは、①なりたい自分を具体的にイメージすること、②イメージした目標達成にあたってのプランニングを緻密におこなうこと、③目標達成にあたっては、どのような学びが特に重要かを明確にすることです。

　目標達成のためには、どのような科目が重点的に関わるのか、どのような学びが求められるかということを、将来なりたい自分と関連づけて計画することが大切です。

この Chapter の到達目標

□自己理解を通して、自分の「強み」や「価値観」を知ることができる。

□自分に合った働き方、将来、なりたい自分を考えることができる。

□将来のキャリア形成を考えながら、学びとキャリアに関する目標と行動計画を立てることができる。

┐ ▶ キャリアマップを作ろう

　アメリカの心理学者 E.H. エリクソンは、青年期を社会で自立するための準備期間と捉え、それを心理・社会的モラトリアムと呼びました。モラトリアムとは猶予という意味で、社会的な責任や義務を免除されるというものです。まさに皆さんは猶予された状態で、さまざまな可能性を試し、失敗を繰り返し自分が何に相応しいかを考える時期です。しかし、無計画にチャレンジしていると、効率的とはいえません。キャリアマップを作り、計画的に取り組んでください。本 Chapter はこれまでの学習の集大成です。自分の過去を振り返り、自分の「強み」や大切にしている「価値観」を見つけましょう。また、興味があり、やってみたいと思う仕事をイメージし、将来なりたい自分の夢を描いてみましょう。大切なことは、なりたい自分になるための目標を定め、学生生活の中でできることは何かを考え、そのための「第一歩を踏み出す」ということです。

　アメリカの心理学者 A.H. マズローは、人間の欲求は呼吸や食欲などの生理的欲求から、集団による承認などの社会的欲求まで階層をなし、その頂点に自己実現の欲求があると考えました。自己実現とは、能力や個性を発揮し、自らの可能性を実現し、これがほん

とうの自分だといえるものを生み出すことです。マズローの「**欲求の５つの階層**」はどこかでご覧になったことがあると思いますが、頂点にある自己実現の欲求を満たすためにも、計画的に学生生活を過ごしていきましょう。

それでは、以下の手順に沿ってキャリアマップを作成していきましょう。

【手順】

①以下の演習１〜７をおこないます。

②最後は演習の成果を「わたしのキャリアマップ」に反映させて完成です。

③演習にあたっては、次の Chapter を振り返りながらおこなってください。

演習	演習名	説明	振り返る Chapter
演習１	気持ち曲線シートの作成	これまでの自分を振り返る	Chapter10
演習２	強みを知る	自分の強みとそのエピソードを知る	Chapter10
演習３・４	仕事選び	やりたい仕事と働き方を知る	Chapter 7・8・9
演習５	憧れの人ってどんな人	なりたい自分をイメージする	Chapter11
演習６	将来の自分を描く	なりたい自分を考える	Chapter12・13
演習７	実行計画書	学生生活における目標と実行計画	Chapter 4・7・8・10・11

2 ▶ 自己理解 －これまでの自分を振り返る－

将来なりたい自分を考えるとき、自分について知ることが大切です。まず、これまでの自分を振り返り、「気持ち曲線シート」に表現してみましょう。

①過去の出来事を振り返り、そのときの自分の気持ちを、以下の記入例を参考に、次ページの「気持ち曲線シート」に、曲線で自由に描きます。

②曲線が高いところ（＋）や、低いところ（－）には、「そのときに何があったのか」を書き込みます。

・「＋」…「充実していた」「楽しかった」「嬉しかった」「燃えていた」など、ポジティ
　ブな状態
・「－」…「辛かった」「むなしかった」「行き詰っていた」など、ネガティブな状態

図表14-1　「気持ち曲線シート」記入例

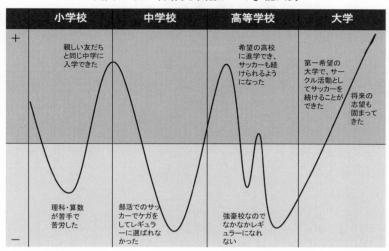

【演習1：気持ち曲線シートの作成（個人）】

	小学校	中学校	高等学校	大学
＋				
－				

③ ▶ 現在の自分を知る－自分の強みを知る－

　自分の持つ「強み」を生かせる仕事に就くためにも、複数の角度から強みを考えてみましょう。

①次の〈強みワード〉のなかから、自分が持っていると思う強みを「行動面」「性格面」「能力面」に関する各項目のなかから３つ以上選び、チェックしてください。

②各項目で選んだワードのなかから、それぞれひとつを選択し、自分の強みを表すワードと具体的なエピソードを書き出してください。

【演習２：自分が持っていると思う「強みワード」、およびそのように思った理由とエピソード（個人）】

区分	強みワード	その理由とエピソード
行動面		
性格面		
能力面		

〈強みワード〉（以下のワードの各項目のなかから３つ以上チェック）

【行動面】	【性格面】	【能力面】
□ 積極的に行動する	□ やさしく思いやりがある	□ 課題解決する力がある
□ 冷静・慎重に行動する	□ 競争心が強い	□ 情報を収集する力がある
□ 元気が良く、声が大きい	□ チャレンジ精神がある	□ 数字に強い
□ 笑顔でいることが多い	□ 我慢強い	□ 物事をやり遂げる力がある
□ 何にでも一生懸命取り組む	□ 好奇心が強い	□ 物覚えがよい、記憶力がよい
□ 勉強好き、向上心がある	□ のんびりしている	□ 頭の回転が速い
□ 人の世話が好き	□ くよくよしない	□ アイデアが豊富
□ 素直に人のいうことを聞く	□ 几帳面である	□ 企画が得意
□ 忍耐強く、継続力がある	□ 自分の考えを持つ	□ 感受性が豊かである
□ 場を盛りあげることが得意	□ リーダーシップがとれる	□ 物事を正確に捉える
□ 社交的で友だちが多い	□ 新しい出会いに興味がある	□ センスがいい
□ 時間や納期を忠実に守る	□ 責任感が強い	□ 手先が器用
□ 規則を守る	□ じっくり考える	□ 表現力がある
□ 人と深く付き合う	□ 人の役に立つことが好き	□ 説明がわかりやすい
□ 人から頼られる	□ 誠実・真面目である	□ 聞き上手
□ ソフトな口調で話す	□ 負けず嫌い	□ 交渉・折衝力がある
□ 何をするにも手を抜かない	□ 気持ちの切替えが早い	□ 体力がある
□ 環境に適応するのが早い	□ 物事を前向きに考える	□ 運動神経が良い

④ ▶ 自分の働き方を考える－やりたい仕事と働き方を知る－

「人と接することが好き」「専門的な技術を身につけたい」など、漠然と思い描いている
イメージを仕事という枠に当てはめると、どのような働き方になるのでしょうか。ここで
は、自分に合った仕事を具体的に考えてみましょう。

①以下の〈仕事の種類〉のなかから、あなたが「やりたい」と思う仕事を3つ選び、上
　位3つに順番をつけてください。

②次に、あなたが「やりたくない」と思う仕事を3つ選び、上位3つに順番をつけてく
　ださい。

【演習3：仕事選び（以下の項目から上位3つを選び、順番をつける）】

仕事の種類	やりたい仕事	やりたくない仕事	仕事の種類	やりたい仕事	やりたくない仕事
機械を使う仕事			人と接する仕事		
ものを扱う仕事			人に奉仕する仕事		
動物にふれる仕事			人を教える仕事		
身体を動かす仕事			人を助ける仕事		
運転する仕事			企画する仕事		
研究する仕事			組織を運営する仕事		
調査する仕事			人や社会を動かす仕事		
考える仕事			監督する仕事		
分析する仕事			リーダーシップを発揮する仕事		
創造的な仕事			規則的な仕事		
アイデアを生み出す仕事			事務的な仕事		
表現する仕事			正確さが求められる仕事		
感性を生かす仕事			整理したり管理したりする仕事		
			反復作業が多い仕事		

出所：独立行政法人労働政策研究・研修機構「職業レディネス・テスト［第3版］」VRTカードの「結果・整理シー
　　　ト」の6領域の特徴をもとに作成。

③３つの「やりたい仕事」と、３つの「やりたくない仕事」について、自分が「できる」
　「できない」を考えながら、以下の記入例のように、〈仕事発見シート〉に書き込み、
　選んだ理由を記入してください。

〈仕事発見シート〉記入例

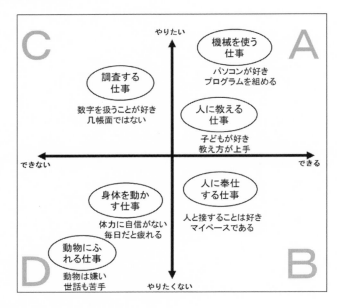

【演習４：仕事発見シートの記入（個人）】

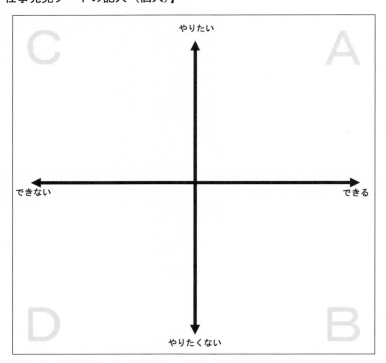

5 ▶ロールモデルを見つける－なりたい自分をイメージする－

　あなたの身近にいる、いきいきと働いている人、頑張っている人、または、尊敬する人を探しましょう。このように、「こんな人になりたい」という目標になる人のことを**ロールモデル**といいます。あなたにとってのロールモデルの特長を書き出してみましょう。

①あなたの身近にいる憧れの人を探し、その人の好きなところ、特長を探し、記入してください。

②あなたはどのような人になりたいですか。憧れの人の特長を参考にして、なりたい自分をイメージし、記入してください。

【演習5：憧れの人ってどんな人（個人）】

ロールモデル
その人を好きなところ、理由
その人の特長 **立ち居振る舞い、大切にしていること、将来の夢など**
なりたい自分をイメージしましょう **例）私は、家族・友人を大切にし、何ごとにも積極的に取り組んでいきたい**

6 ▶将来の自分を描く－なりたい自分を考える－

　あなたは将来、どのような大人になっていたいですか。なりたい自分を自由に描いてみましょう。

①将来、なりたい自分とそのときの年齢をイメージして、記入してください。複数でも、漠然としていても構いません。自由に描いてみてください。

②上記①で描いた将来の自分は何をしているのでしょうか。どんな役割を果たし、どのような仕事をしているのでしょうか。できるだけ具体的にイメージし書いてください。

③上記②で書いたことを実現するために必要な知識・経験・スキル等は何でしょうか。思いつくものを記入してください。

【演習6：将来の自分を描く（個人）】

①将来、なりたい自分を描く
②どのようなことをしているか
③そのために特に必要な知識・経験・スキル等

7 ▶ 実行計画書の作成－学生生活における目標と行動計画－

　さまざまな可能性に満ちた学生生活をどれだけ実りの多いものにするかは、自分次第です。なりたい自分になるため、学生生活における具体的な目標を立て、行動計画にまで落とし込んでいきましょう。

　ここで大切なことは、具体的であること、学業と課外活動ともにバランスよく盛り込まれていることです。

①学生生活における具体的な目標を3つ以上立て、そのための行動計画、および、実施期限を、以下の〈実行計画書〉に記入してください。

②目標に対する行動計画と実施期限を記入したら、以下の基準に従い、それぞれの行動計画に対し、優先順位をつけてください。

〈優先順位の基準〉

★★★ … すぐに、または、今月中に実行する

★★　 … 今年度中に実行する

★　　 … 大学在学中に実行する

【演習７：実行計画書の作成（個人）】

目標 （どのような状態になっていたいか）	行動計画 （具体的な取り組み）	実施期限 （いつまでに）	優先順位
例） １．現在のアルバイトを４年生まで続け、新しく入った後輩に、仕事を教えることができるようになる	・担当している仕事の内容を書き出し、改善点を考える	2025年２月	★★★
	・書いた内容と改善案を店長と話し合う	2025年２月	★★
	・後輩に呼びかけ、改善策を実行する	2025年５月	★
２．英会話を習得し、来春（2026年４月）までに TOEIC 800点を取る	・英会話教材（通信教育）の資料を集める	2025年２月	★★★
	・集めた資料から教材を選び、購入する	2025年３月	★★
	・TOEIC 公開テストを受験する	2026年２月	★
1.			
2.			
3.			

⑧ ▶「わたしのキャリアマップ」への記入

　第１節の手順にて説明したとおり、最後は本 Chapter の最後にある「わたしのキャリアマップ」を完成させていきます。その際、ただ、演習１〜演習７を転記するのではなく、再度、第１節で示した Chapter を振り返り、取り組んでください。その意味でも、「わたしのキャリアマップ」への記入は少し時間をおき作成することをお勧めします。

　記入が終わったら、次の確認をしてください。

①将来の自分（【演習６】）を踏まえた行動計画になっているか（【演習７】）

②行動計画における「期限」に無理はないか（【演習7】）

③将来の自分は（【演習6】）、自分の強み（【演習2】）を生かせるものか

④将来の自分は（【演習6】）、やりたい仕事（【演習3・4】）、なりたい自分（【演習
　5】）と整合しているか

　こうした確認により、整合性がとれていなければ、問題点を明らかにしたうえで、再度
記入してください。

　キャリアマップが完成したら、実行計画の部分について、月次・週次でやるべきことま
で落とし込み、手帳などに記入して、実行に移してください。

　なお、やりたいことなどは、今後の学習、経験等のなかで変わることもあります。その
ような場合には、キャリアマップも修正し、具体的な行動計画に沿って、やるべきことに
取り組んでいってください。

〈わたしののキャリアマップ〉　記入例

成　長

時　間

作成日：　　　年　　月　　日

<わたしのキャリアマップ>

【演習6】①②③を整理し将来の自分を描く
・企業でSEとして最先端のプログラム開発を学び、30歳で起業し、子どもたちにプログラム開発を教える教室を開業する
→在学中に情報処理系の資格を取得する、財務・経営術については特に実践的なことを習得しておく、起業している先輩とのネットワークを広げる

【演習5】をもとに憧れの人とその特長、及びなりたい自分のイメージ像を描く
目的：なりたい自分をイメージする
大学卒業後、8年ほど企業に勤務し起業したサークルの先輩がいる。先輩がサークルに来ると、場の空気が穏やかな空気に変わる。こうした周囲によい影響力を与えられる人材になりたい。

【演習3・4】をもとに「エリアA・C」の仕事を書き出す
目的：やりたい仕事を知る
・機械を使う仕事（A）
・簡単なプログラムなら組めるし、長時間でも苦にならない
・人に教える仕事（A）
→子どもが好きで教えることも得意
・調査する仕事（C）
→調査・分析はたのしいが、あまり得意ではない

【演習2】で抽出した自分の強みワードの抽出と特長・能力別の自分の強みの理解
目的：行動・性格・能力別の自分の強みの理解
・行動面：積極的、我慢強い、規則を守れた
・性格面：やさしい、じっくり考える、負けず嫌い
・能力面：記憶力、聞き上手、体力、運動神経
→我慢強く、負けず嫌いなこともあり、必ず最後までやりきることができる
→やさしく、聞き上手なので、根気強く他人の話を聞くことができる

【演習7】に記載した実行計画のうち、優先度の高い目標を2つ以上選び記載する
目的：学生生活における目標と行動計画

目標（どのような状態になっていたいか）	行動計画（具体的な取り組み）	期限（いつまでに）	優先順位
1. 資格取得（情報処理系）「ITパスポート」「基本情報技術試験」に合格する	・「ITパスポート」：テキストをもとに1日1時間、半年間の受験勉強をおこなう　・「基本情報処理試験」：専門学校に通い、短期で取得する	20XX年8月　20XX年3月	★★　★
2. ネットワークの拡大 10人の起業家と交流を持つ	・情報系の起業家5人とネットワークをつくる、いろいろと相談できる関係性をつくる　・教室・塾などを開業している起業家5人とネットワークをつくり、教え方を学び合う	20XX年3月　20XX年9月	★★★　★★

【演習1】をもとにして、気持ちも曲線が「＋」のときも頑張れた理由、「＋」になった原動力などを整理する
目的：これまでの自分を振り返る
・第一志望の大学に入学できた
→高校受験のときの勉強法が役立った（朝型での短時間集中学習、暗記法など）
→高校受験の成功が大学受験でも自信につながった
・レギュラーになれないという挫折もあった
→悔しかったが、動画を見ながら自分の弱点を分析し、練習プランを考えた（自己分析ができるようになった）
→他人の気持ちが理解できるようになった（レギュラーになれない辛さや悔しさ）

＜わたしのキャリアマップ＞

成長

時間

年　月　日作成

【演習6】①②③を整理し将来の自分を描く

【演習5】をもとに憧れの人とその特長、及びなりたい自分のイメージ像を描く
目的：なりたい自分をイメージする

【演習3・4】をもとに「エリアA・C」の仕事を書き出す
目的：やりたい仕事を知る

【演習2】で抽出した自分の強みキーワードの抽出
目的：行動・性格・能力別の自分の強みの理解

【演習7】に記載した実行計画のうち、優先度の高い目標を2つ以上選び記載する
目的：学生生活における目標と行動計画

目標 （どのような状態になっていたいか）	行動計画 （具体的な取り組み）	期限 （いつまでに）	優先順位

【演習1】をもとにして、気持ち曲線が「ー」のときでも頑張れた理由、「＋」になった原動力などを整理する
目的：これまでの自分を振り返る

※コピーをとって、記入してください。

〈参考文献〉
千葉県商工労働部（2013）『キャリアデザイン（後期)』。

Column

人はしてもらったことを繰り返す

　振り返るまでもなく、わたしは多くの人に育てていただきました。学生時代の恩師、ビジネスパーソン時代の先輩など、仕事を通し、ときには叱られながら学ぶことがほんとうに多かったと思います。なかでも、大原学園学園長中川和久先生はわたしにとって人生の師匠です。もう20年以上、お付き合いいただいておりますが、ビジネス感覚、他者への思いやりなど、先生から学ばせていただいたことは多岐に渡ります。

　食事にお誘いいただいても、先生が座る席はいつも決まって手前の入口側です。そしてホスト役に徹していらっしゃいます。ご自身が先に下車されれば電車が見えなくなるまでホームで送ってくださいます。だから、わたしも同じことを真似するようになりました。

　皆さんもいつかは、先輩として後輩の面倒を見る立場になります。そして、いいところ、よくないところまで、後輩、特に新人は真似をしてしまいます。こうして組織の風土が受け継がれていくわけです。

　仕事の進め方など実務的なことは、ある程度、マニュアル等も整備されていると思いますが、思いやり、対人配慮、気配りといった他者理解に関しては、先輩たちの仕事の様子から学びとっていくしかありません。就職し、後輩の面倒を見るときにも、皆さんのやさしさあふれる指導に期待しております。協働することがたのしくなるような職場づくりに取り組んでいってください。そうしたことは後輩にも伝播していきます。

索　引

執筆者紹介

天川勝志　〈編者〉
（あまかわかつし）

Chapter　1．2．3．4．5．9．11．14

聖徳大学ラーニングデザインセンター准教授、成蹊大学非常勤講師、株式会社ベネッセi-キャリア講師、亜細亜大学非常勤講師。

青山学院大学大学院法学研究科公法専攻博士前期課程修了。1990年、一般社団法人日本能率協会に入職。20年に渡り、ビジネスパーソン向けの教材開発、講師の育成等に従事。2011年、株式会社ナレッジ・ジャパン取締役として、代表の松澤宏一氏とともに、研修事業を展開。同年、株式会社インテリジェンス（現・パーソルキャリア株式会社）に入社し、大学生のキャリア教育、就職支援事業に従事。現在は「接続」をキーワードに、大学から社会への接続、高校から大学への接続など、移行時の円滑な接続、就職活動と自己肯定感との関連などついての支援、研究に取り組んでいる。

鈴木賞子
（すずきしょうこ）

Chapter　1．6．7．8

中央大学大学院総合政策研究科博士前期課程修了。成蹊大学経営学部特別任用教授。1998年から大学のキャリア教育や就職関連業務にあたる。東京・埼玉・神奈川・愛知・京都・大坂・高知・福岡の大学でキャリア系科目を担当。成蹊大学では2004年から全学部を対象としたキャリア教育にあたり、2020年に経営学部が新設された際に異動。現在は企業の人事制度と個人のキャリア形成を研究テーマにしている。著書・テレビ・ラジオ出演多数。

8年間メーカーの人事担当者として採用や人材育成にあたり、その後出版社で100社以上の企業の採用PRをサポート。人事コンサルタントとして企業や行政機関の人材育成にも関わる。ラジオ番組で3年間パーソナリティを務めた経験もあり、人との出会いを楽しんでいる。

渡邊有紀子
（わたなべゆきこ）

Chapter　10．12．13

東洋大学国際学部非常勤講師、成蹊大学非常勤講師、有限会社ワイズプランニング代表取締役、キャリアコンサルタント、日本語教師。

法政大学大学院キャリアデザイン学研究科修士課程修了。大学卒業後、高等学校国語科教諭、流通小売業にてマーケティングを担当後、1996年に起業。流通小売業を顧客として、販売促進企画とコンサルティングに従事する。キャリアコンサルタント資格取得後は、主に大学生のキャリア教育、キャリア形成支援、就職支援に携わる。

現在は、インストラクショナルデザインを活用した授業設計や授業改善の研究に取り組んでいる。自ら学び続けられる学習者の育成を目指したい。

2024 年 3 月 20 日　第 1 刷発行　　〈検印省略〉

自分で考え自分で描く
キャリアデザイン

著　者	天　川　勝　志
	鈴　木　賞　子
	渡　邊　有紀子
発行者	脇　坂　康　弘

発行所　　株式会社　同　友　館
東京都文京区本郷2-29-1
TEL：03(3813)3966　FAX：03(3818)2774
URL　https://www.doyukan.co.jp

乱丁・落丁はお取替えいたします。　印刷：三美印刷／製本：松村製本所
ISBN 978-4-496-05690-1　　　　　　Printed in Japan